지중해 문화를 걷다

지중해 국가정보 시리즈 7

지중해 문화를 걷다

부산외국어대학교 지중해지역원 지음

산지니

'지중해 이야기'를 시작하며

인류 문명의 용광로 '지중해'로 여러분을 초대합니다!

한국인에게 지중해는 작열하는 태양, 에메랄드빛 바다, 웰빙 음식
과 와인 등을 즐기며 선상 여행을 즐기는 낭만과 정열의 관광지로
인식되곤 한다. 그러나 지중해에서는 천혜의 아름다운 관광 자원뿐
만 아니라 인류의 오랜 역사의 발자취와 숨결을 찾을 수 있다. 따라
서 지중해를 매력적인 관광지로만 인식하는 것은 아름다운 여인의
겉모습에만 매혹될 뿐, 그 내면의 미를 발견하지 못하는 어리석음을
범하는 것과 같다 할 것이다.

지중해는 남부 유럽과 아라비아 반도, 북부 아프리카와 이베리아
반도에 둘러싸인 동서 3,720km, 약 300만km² 넓이의 바다를 의미하
는 지리적 용어이지만, 지역학과 인문학의 측면에서는 유럽·아랍·
아프리카의 세 대륙 문화가 조우하고 교류해온 동서 문명 교류의 현
장이기도 하다. 지중해를 '인류 문명의 용광로'라 부르는 이유는 지
중해에 역사적·공간적으로 다양한 문명권의 국가들이 존재해왔고
이들 국가들이 끊임없는 교류를 지속해왔기 때문이다. 이는 페르낭
브로델이 지중해를 '하나의 문명이 아닌 어떤 문명들 위에 다른 문명
들이 중첩된 모습을 지닌 문명들이 있는 곳이다'라고 정의한 것과 그
맥을 같이하고 있다. 따라서 지중해는 인류가 발달시켜온 이 모든 문

명의 결정체들이 녹아 있는 복합 문명 공간으로서 인류 삶의 현장으로 정의할 수 있다. 역사적으로 지중해 지역은 인류 역사 이래로 가장 역동적인 변화를 경험해온 지역 중의 하나이며 지중해의 역사는 인류의 진화 과정과 그 궤적을 같이해왔다. 지중해는 인류 문명과 학문 발전의 주역이었던 그리스인들의 학문과 철학이 꽃핀 곳이고, 기독교를 바탕으로 제국의 영광(Pax Romana)을 구현했던 로마 제국 역시 그 발판은 지중해였다. 로마 제국의 터전을 이어받아 콘스탄티노플에서 약 1,000년 이상 영욕의 부침을 경험한 비잔틴 제국도 지중해의 품 안에 있었고, 중세 시대 인류 문명의 주역이었던 아랍·이슬람 문명 역시 지중해를 통해 유럽의 암흑을 밝혔다.

근·현대에 와서도 서구 제국주의 팽창의 주요 통로가 지중해였으며, 두 번에 걸친 세계대전, 나치즘과 파시즘, 석유 자원과 관련한 세계적 분쟁, 팔레스타인-이스라엘 분쟁 등이 지중해를 배경으로 하고 있다. 최근에는 유럽-중동-중앙아시아를 연결하는 석유와 가스 자원의 '에너지 실크로드'로서 지중해의 중요성은 강조되고 있다. 종교적으로도 인류가 갖고 있는 3대 계시 종교인 유대교, 기독교, 이슬람교가 지중해 지역에서 탄생했고, 주요 성지가 이 지역에 있는 것은 인류의 정신문화에 끼친 지중해의 중요성을 말해주고 있다.

시칠리아, 몰타, 키프로스 등 지중해 주요 섬들은 지중해의 다양한 문명들이 만나는 교차점으로서 이들 문명들이 중첩돼 문명의 지층을 이루고 있고, 이는 이들 섬 지역의 문화 정체성과 삶의 방식에도 커다란 영향을 끼치고 있다. 이 책의 글들은 지중해의 다양한 모습과 역사를 증언해주고 있는 주요 섬과 도시, 유적과 지중해인들의 삶의 궤적을 따라갈 것이다.

그리스 산토리니에서 내려다본 지중해 모습(위)과 지중해 루트(아래)

지중해 문명이 발원한 고대 그리스의 고도(古都) 테살로니키에서 출발해 아드리아 해의 숨은 진주 슬로베니아, 지중해 문명의 모자이크 시칠리아, 중세 지중해의 모습을 담고 있는 몰타, 지중해의 항구 마르세유, 기독교 속의 이슬람 도시 말라가, 지중해와 대서양의 관문 탕헤르, 알렉산드로스 대왕이 사랑했던 알렉산드리아, 기독교와 이슬람이 공존하는 베이루트, 지중해의 꽃 키프로스 등 지중해의 다양한 모습들을 발견할 수 있는 지중해의 주요 지역들을 소개할 것이다. 또한 지중해의 아름다운 유적과 이들의 문화를 통해서 인류의 터전인 지중해의 모습들이 파노라마처럼 펼쳐질 것이다.

모쪼록 책『지중해 문화를 걷다』의 출간을 통해서 지중해의 겉모습이 아닌 생생한 삶의 현장을 이해하고, 인류 문명에 대한 우리의 이해를 한층 더 높이는 데 작은 도움이라도 됐으면 하는 바람이다.

윤용수

(지중해지역원 원장, 부산외국어대학교 아랍어과 교수)

차례

1

❖❖❖❖❖❖❖❖❖❖❖❖❖❖❖❖❖❖❖❖❖❖❖❖❖❖❖❖❖❖❖❖❖❖

민주 정치와
신화의 나라,
그리스

❖❖❖❖❖❖❖❖❖❖❖❖❖❖❖❖❖❖❖❖❖❖❖❖❖❖❖❖❖❖❖❖❖❖

- ⚜ 중세의 고도(古都), 테살로니키
- ⚜ 아토스, '아기오 오로스'의 수도원 나라
- ⚜ 트로이-끝나지 않는 원정
- ⚜ 아나키적 고대 그리스 사회
- ⚜ 신들에 대한 경의, 고대 올림픽

중세의 고도(古都), 테살로니키

천 년의 부침과 굴곡이 빚어낸 도시

❦

현재 그리스의 수도는 아테네인데, 중요성에서 그에 버금가는 도시가 테살로니키이다. 그리스 동북부 마케도니아 지역의 연안에 위치한 테살로니키는 그리스 제2의 도시이지만 항구로서는 단연 제1위이다. 아테네의 외항인 피레아스가 있지만, 물류 유통의 규모에서 테살로니키를 따를 수가 없다. 테살로니키는 동유럽의 물류집산지로 매년 9월 국제산업전시회가 개최된다. 뿐만 아니라 과거 로마제국 시대에 이탈리아와 동부 속주를 잇는 육로의 중심에 이곳이 있었던 것처럼, 지금은 유럽과 터키를 잇는 교통의 중심지에 놓여 있다.

테살로니키가 수도의 외항인 피레아스와 갖는 관계는 국제항으로서 부산과 서울의 외항인 인천의 관계와 같다고 할 수 있다. 실제로 2006년(3. 6~3. 9)에는 테살로니키 시장과 경제인 등 20여 명이 3박 4일 일정으로 부산을 방문하여 부산 시청과 교류증진협약서를 체결하면서 양 도시 간의 유대를 다지기도 했다.

테살로니키는 지금도 그리스 제2의 도시이지만, 중세 비잔티움 제국(330~1453) 시대에도 두 번째 위상을 가진 도시였다. 그런데 첫 번째 도시는 아테네가 아니라 콘스탄티노플이었다. 콘스탄티노플은 15

세기 이래 오늘에 이르기까지 터키 땅에 속하므로 지금은 터키에서 '이스탄불'로 부른다.

테살로니키는 예로부터 수많은 민족과 종교 집단의 고향이며, 강국들의 협상의 대상이 됐던 곳이다. 아테네가 기원전 5세기 중심으로 길어야 1~2세기간 역사의 주요 무대가 됐다면, 테살로니키는 비잔티움 제국의 중세 시대 근 1천 년 이상 동부 지중해의 정치, 문화, 경제의 중심지로서의 위상을 가졌으며, 그 역사적 유적도 아테네에 비해 훨씬 풍부하다.

아리스토텔레스와 알렉산드로스 대왕의 본향(本鄕)

테살로니키는 마케도니아와 발칸 반도의 중심지로서, 찬란한 과거와 함께 그 지리적 위치로 인해 밝은 미래를 기약하는 곳이기도 하다. 이곳은 유럽에서 터키로 통하는 간선도로에 위치해 있을 뿐 아니라, 과거 로마 제국 시대에는 이탈리아에서 그리스 서부 해안의 항구 두라키오를 거쳐 콘스탄티노플로 이어지는 '에그나티아' 길목에 자리하고 있었다. 그 전통은 지금도 여전하다. '에그나티아' 고속도로

마케도니아와 테살로니키의 위치

가 그리스의 서해안 이구메니차에서 터키와의 접경 에브로스 강이 있는 곳까지 연결돼 있고, 중심 간선도로가 '에그나티아' 가(街)이며, 중심 광장 이름도 '에그나티아' 광장이다.

4세기에 건축된 갈레리오스 황제의 개선문은 오늘날 테살로니키 주민들에게
친숙한 일상의 한 부분이다.(사진 제공 : 안동대학교 김복희 교수)

테살로니키는 테르마이코스 만(灣) 안쪽 깊숙한 곳에 위치해 있
고 산과 바다 사이에서 해변으로 길쭉하게 들어선 도시이다. 테르마
이코스(어원인 '테르모스'는 '열[熱]'이란 뜻이다) 만은 그 수심이 깊어서
큰 배가 바로 육지 가까이까지 접근할 수 있다. 그래서 테살로니키는
'테르마이코스의 신부(新婦, nymph)'로 불리기도 한다.

테살로니키의 또 다른 이름은 중세 기독교(정교)의 전통을 이은
'성(聖) 디미트리오스의 도시'이다. 테살로니키는 성경을 통해 이미
우리에게 알려져 있고, 성경에는 흔히들 '데살로니가'로 발음된다. 데
살로니가 전서와 후서는 바울 등이 테살로니키인들에게 기독교의 믿
음을 전파하기 위해 쓴 서신인 것으로 알려져 있다.

305년 순교했던 디미트리오스(데메트리오스)는 이 도시의 수호 성

자다. 그는 3세기 말 로마의 갈레리우스 막시미아누스 황제 치하에서 로마 군대의 천인장(千人長)으로 복무했다. 그는 기독교를 박해한 디오클레티아누스 황제가 즉위할 때 기독교가 되었다가 303년 투옥되었으며 그 후 처형되었다. 황제가 이곳을 지배하며 기독교를 박해할 때 순교했다. 그 후 그는 도시의 수호성인이 됐고, 이민족이 이곳을 쳐들어올 때 성문 앞에 환영으로 모습을 드러내 이민족들을 격퇴했던 것으로 전해진다. 그 한 예가 527~688년 테살로니키로 슬라브, 아바르 등 이민족이 수십 회 파상적으로 공격해 들어왔을 때이다.

테살로니키가 갖는 역사적인 의미는 여러 가지가 있으나, 특히 863년 수도승 키릴로스와 메토디오스 형제가 슬라브인 등에게 기독교를 전파하기 위해 여정에 올랐던 곳이 이곳이다. 두 형제는 오늘날 슬라브어의 모태가 되는 문자 '키릴 문자'를 만들어 전파했다. 또 904년에는 '사라키니(사라케노이: 서부 지중해에서 온 아랍인)'인들에 의해 테살로니키가 함락되어 그 거주민 다수가 학살됐던 적도 있었다.

오늘날 테살로니키는 마케도니아 주(州, 행정구역)의 수도이다. 마케도니아는 고대 왕국의 이름으로 동방원정 당시 페르시아를 멸망시켰던 알렉산드로스 대왕의 본향이 있는 곳이다. 고대 마케도니아 왕국 중심지는 베르기나였으나, 테살로니키가 위치한 테르마이코스 만 해안까지 그 영역을 확대한 것이 기원전 약 6세기였던 것으로 추정한다.

또 마케도니아는 알렉산드로스 대왕의 유년 시절 스승이었던 그리스 철학자 아리스토텔레스의 고향이기도 하다. 그 전통을 기려서 테살로니키 최대 국립대학교를 '아리스토텔레스 대학'이라고 부른다.

테살로니키가 중심지로 등장한 것은 로마제국부터다. 로마에서

테살로니키의 중심, 아리스토텔레스 광장의 야경(사진 제공 : 안동대학교 김복희 교수)

콘스탄티노플로 천도(324)했던 콘스탄티누스 대제는 322년 그 길목인 테살로니키에 항구 시설을 확대 구축했고 그것은 비잔티움 제국이 멸망할 때(1453)까지 사용됐다. 로마법전을 편찬한 비잔티움(동로마)제국의 유스티니아누스 대제는 서부 지중해의 옛 로마제국의 영토를 수복하면서, 테살로니키를 일리리쿰(발칸 반도)의 수도로 격상시켰다.

4차 십자군(1202~1204)이 콘스탄티노플을 함락하고 라틴제국(1204~1261)을 수립했을 당시 비잔티움 제국의 유민들은 수도를 빼앗기고 그 주변, 즉 남쪽의 니케아 제국, 흑해 남부 연안의 트라페준다, 서부의 일리리쿰 등으로 흩어졌다. 십자군 보니파키우스 몸페라티쿠스는 테살로니키를 20년 동안 장악했다. 1224년에 이피로스(그리스 북서부 지역)의 지배자였던 테오도로스 두카스가 어렵사리 이곳을 탈환했고, 1227년에 그는 테살로니키에서 '로마인들의 황제'로서 등극했다. 이렇게 해서 테살로니키는 당시 콘스탄티노플 다음가는 '제2 (비잔티움제국의) 수도'가 됐다. 1387년에는 터키인들에게 종속됐고 한때 반란을 기도했으나 1395년에 다시 터키인에게 굴복했다.

1423년 비잔티움제국 황제 마누일 2세의 아들인 안드로니코스 팔래오로고스는 테살로니키를 베네치아인의 손에 넘겨줬으나 이들도 터키인들의 공세를 견디지 못했고, 1430년 테살로니키는 다시 터키인들에게로 넘어갔다. 이때 많은 주민들이 학살됐으며, 터키인들은 이곳을 콘스탄티노플 함락(1453)의 교두보로 삼았다.

수도 아테네에 대항하는 항거의 거점

20세기에도 테살로니키는 수도 아테네에 대항하는 중요한 항거의 거점이 되기도 했다. 1912년부터 10년간은 테살로니키의 현대사의 정수로 간주된다. 1912년 10월 26일은 테살로니키가 약 450여 년 전 오토만 터키에 의해 함락되던 당시처럼 의미 있는 시점이다. 제1차 발칸 전쟁의 결과로 이날 테살로니키는 오토만 터키로부터 독립돼 그리스로 편입됐다.

이어서 1차 세계대전(1914~1918)이 벌어졌을 때 테살로니키는 아테네의 그리스 국왕에게 항거하는 기지가 됐다. 당시 그리스 수상이었던 베니젤로스는 1915년 가을 연합국을 테살로니키 항구로 받아들였다. 베니젤로스의 목적은 추축국으로부터 위협받고 있던 러시아를 도우려는 것이었다.

1916년 가을 베니젤로스는 당시 그리스 국왕이었던 콘스탄티노스의 중립정책에 정면으로 반발해, 테살로니키로 와서 반(反) 정부적 혁명정부를 구성하고 영국과 프랑스 측에 가담하게 됐다. 당시 그리스 국왕은 독일 출신으로 내심 독일을 후원하고 있었으므로 서로 간에 동상이몽의 상황이 연출됐다. 한편, 영국과 프랑스 군대가 1916년 12월 아테네로 들어와 무기, 군수물자, 철도 등을 장악했다. 이런 사태는 보호국이 그리스 내정을 간섭한 최악의 예로 간주된다.

그리스 내에서는 국왕을 중심으로 한 정부군과 베니젤로스 지지자 간에 갈등과 분열이 연출됐다. 그리스 정부군 장악 지역에서 베니젤로스 지지자들이 대거 희생을 당한 반면, 1917년 6월 콘스탄티노스 왕은 폐위 추방되고 그 둘째 아들 알렉산드로스가 즉위하게 됐을 때는 반(反) 베니젤로스 인사들이 친독 혐의하에 코르시카로 추방됐다.

1923년에 비준된 로잔느 조약에 의해 그리스와 터키 사이에는 기독교-무슬림 교도 간 교환 협약이 비준됨으로써 쌍방 간 민족 대이동이 시작됐다. 이때 무슬림 교도가 대거 테살로니키를 떠났고, 그 대신 소아시아, 흑해 연안의 터키 영토로부터 정교도들이 그리스 영토로 쇄도해 들어왔는데, 이때도 테살로니키는 그 왕래의 길목에 있었다.

고대 마케도니아 왕국 베르기나의 태양과
현재 그리스와 FYROM(마케도니아 공화국) 간 국가분쟁

'마케도니아 공화국-스코피아[면적 약 25km^2(한반도의 1/8), 인구 약 200만 명]'는 서쪽으로 알바니아, 북쪽으로 코소보와 세르비아, 동쪽으로 불가리아, 남쪽으로 그리스와 접경하고 있다. 발칸 반도의 중심에 있으나, 바다를 끼고 있지 않은 내륙국이다. 1991년 옛 유고슬라비아 사회주의 연방공화국[Socialist Federal Republic of Yugoslavia: 존속기간 1945~1991년]에서 슬로베니아, 크로아티아, 보스니아 헤르체고비나 등과 함께 마케도니아도 분리 독립했다. 현재 국제연합(1993년 4월 7일 안전보장이사회 817/1993호)에서 인정된 이곳 공식국호는 FYROM(구 유고슬라비아 마케도니아 공화국: Former Yugoslav Republic of Macedonia)이다. 그러나 FYROM 측에서 선호하는 이곳 국호는 '마케도니아 공화국(Republika Makedonija)'이고 그리스 측에서 선호하는 국호는 스코피아(Skopia)이다.

그리스 측에서는 '마케도니아'란 명칭이 역사적, 문화적으로 그리스 고유의 것이므로 제3자가 사용할 수 없다는 입장을 고수해왔다. 실제로 FYROM의 남쪽에 그리스의 행정구역 마케도니아가 있고 그 중심이 바로 테살로니키이다. 그래서 그리스에서는 '마케도니아 공화국'이란 명칭을 의도적으로 피하고 FYROM, 혹은 그곳 수도의 그리스식 지명을 따서 '스코피아(Skopia)'로 부른다. FYROM은 2005년 12월 투표에 의해 EU(유럽연합)에 가입했으나, 같은 EU 회원국인 그리스는 여전히 나라 이름을 가지고 FYROM과 신경전을 벌이고 있다.

한편 FYROM 측에서는 마케도니아에 거점을 뒀던 고대 알렉산드로스 대왕의 전통을 자신의 상징으로 끌어들이고 싶어 한다. 그 한 예로, 2011년 6월 스코피아 중앙 광장 분수 가운데 말을 탄 알렉산드로스 대왕의 동상이 세워졌다. 뿐만 아니라 FYROM은 고대 마케도니아 왕국의 베르기나에서 나온 것으로, 알렉산드로스 대왕의 아버지 필립 2세의 무덤에서 발굴된 태양 빛의 모양을 따서 처음에 국기를 만들었다. 그러나 그리스 측이 반발했으므로 1995년의 '중도협약(Intermediate Agreement)'에 의해 그 도안을 변경했다. 이 중도협약이란 미국의 중재로 FYROM과 그리스가 9월 13일 뉴욕에서 합의 서명한 것이다. 이 협약에 따르면, 그리스는 당분간 '구 유고슬라비아 마케도니아 공화국(FYROM)'의 국호를 인정한다는 것, FYROM 측이 '베르기나의 태양'으로 만든 국기를 당장에 다른 것으로 교체할 것, 또 그리스 테살로니키의 항구에 있는 상징적인 '흰 탑(레브코스 피르고스)'을 그려 넣은 우표를 당장에 폐기할 것 등이 명시됐다. 특히 '중도협약 11조'를 근거로, 그리스는 국제연합에 소속된 다른 나라들에 대해서도 FYROM이 아닌 다른 국호를 사용할 경우 항의할 수 있는 권한을 갖게 됐다.

그리스에서는 1995년 이후 세계지적재산권단체(WIPO: World Intellectual Property Organization)에서 이 '태양의 상징물'에 대한 특허를 인정받고 있고, 그리스 내 마케도니아의 일부 군(郡)에서는 이것을 군기(郡旗)로 사용한다.

아토스, '아기오 오로스'의 수도원 나라

신이 내던진 땅, 그곳에 피어오르는 노래

❀

그리스는 로마가톨릭이 아니라 정교(正敎)의 나라이다. 정교는 정통의 기독교라는 뜻이고, 가톨릭은 5세기 이래 정교에서 가지를 치고 나가서 분리 독립한 종파이다. 우리나라에서는 가톨릭의 역사가 훨씬 깊고 정교회가 이제 막 걸음마를 떼는 상황이라 정교는 아직 우리에게 낯선 감이 있다. 그래서 가톨릭이 더 정통성이 있는 것이라 생각하는 사람이 적지 않지만 사실은 그와 다르다. 그리스인뿐 아니라 사업 혹은 유학 등으로 우리나라에 와 있는 러시아인도 정교도이기에 이들 또한 가톨릭교회가 아니라 정교회를 찾아간다.

그리스는 종교계와 속계가 완전히 분리되지 않은 상태로서, 전 국민의 대다수가 자연스레 정교도에 속한다. 종교의 자유가 있으나, 특별하게 다른 종교를 가진 것으로 등록하지 않으면 당연히 정교도인 것으로 간주된다. 그리스의 교육은 학교에서만 하는 것이 아니라 교회에서도 일축을 담당하고 있다. 그래서 우리나라의 교육부는 과학기술부와 통합된 적이 있으나, 그리스에서는 '교육종교부'로 불린다. 정교도의 생활은 탄생에서 죽음까지 교회를 중심으로 이루어진다. 세례, 결혼, 장례식 등의 행사가 거의 교회에서 치뤄지고 있기 때문이다. 세례명이 없으면 초등학교에 입학을 할 수도 없다고 한다. 그렇다고 종교를 강요받는 것은 절대로 아니다. 개인이 다른 종교를 선택할 자유를 가지고 있고, 다른 종교를 가진 것으로 등록이 되면 정교도로서 갖추어야 할 각종 의례에서 벗어난다.

정교에도 속인들이 다니는 교회가 있고 또 수도승이 모여 사는 수도원이 있다. 정교의 수도원 전통은 가톨릭보다 훨씬 더 동방적이다. 산속 같이 외진 곳에 수도원을 세우고 세속과 완전히 등을 지고 살아가는 모양새가 근동에서 볼 수 있는 은자(隱者)를 연상시키기 때문이다. 그 정교 수도원의 중심이라고 할 수 있는 곳이 '아기오 오로스(聖山)'이다. 이곳은 많은 수도원이 여기저기 세워져 있는 '수도원의 나라'이며, 중세 이래 하나의 독립된 나라에 비길 정도로 자치성을 강하게 지녔던 곳이다.

'아기오 오로스'는 '성스러운 산(聖山)'이란 뜻이지만 그냥 오로스(山) 혹은 아토스(山)로 불리기도 하는 곳으로, 그리스 북부 마케도니아 지역, 테살로니키 부근의 해변 할키디키 반도에 부속된 아토스 반도에 자리하고 있다. 할키디키 반도는 손등 모양의 땅끝에 작은 반도 세 개가 손가락 같은 모양새로 달려 있는데, 가장 동쪽에 있는 반도가 아기오 오로스이며 그곳에 아토스 산이 우뚝 솟아 있는 형태다. 아기오 오로스란 이름은 1144년 비잔티움 황제 알렉시오스 1세 콤니노스가 메기스티 라브라 수도원에 내린 칙서에 처음 언급된 데서 유래하게 됐고, 그 후에는 '아토스의 아기오 오로스(Agionymo Oros of Athos)'로 불리기도 했다.

아토스는 그리스정교 수도원의 세계적 중심지로서, 1988년 유네스코 세계문화유산으로 등재됐다. 이곳은 그리스에 속해 있으나 수도원의 자치 구역으로 그리스의 법이 아니라 전통의 자체 종교적 법에 따라 통치되는 독립된 나라와 같다. '성모 마리아의 정원'으로 불리는 이곳에는 소규모 암자나 부속 시설을 제외하면 현재 약 20여 개의 대(大) 수도원이 있다. 아토스 산은 해발 2,033m로 위엄과 정기를 품고 있으며, 그 동굴이나 바위 벼랑 위에 세워진 수도원들이 원초적 자연을 배경으로 천 년의 풍상을 견뎌내고 있다.

아토스에 위치한 그리고리오스 수도원의 전경(사진 출처 : 위키피디아 커먼스)

그리스는 중세 비잔티움 제국의 수도 콘스탄티노플(오늘날 터키의 이스탄불)을 중심으로 기독 정교회(Orthodox Christianity)뿐 아니라, 그 전부터 연연히 내려오는 방만하고 자유로운 그리스 헬레니즘 문화의 전통을 함께 지니고 있다. 동양과 서양의 중간 지역에 위치한 그리스는 문화적, 종교적으로도 헬레니즘과 헤브라이즘 전통을 아우르는 중심에 있다.

헬레니즘과 헤브라이즘 전통의 어울림

아토스도 기독교가 그리스에 들어오기 전 이미 그리스 신화와 밀접하게 연관된 곳으로, 이곳에서 거인 기간테스(자이언트)들과 올림포스 신들 간의 전쟁이 일어났다. 아토스는 하늘(우라노스)과 땅(가이아)의 아들로 기간테스의 두목이었다. 신화에 따르면, 아토스가 트라케의 큰 산을 떼어내어 올림포스의 신들을 향해 던졌는데, 그것이 빗나가서 바다에 빠져 생긴 곳이 그의 이름을 딴 아토스 반도가 됐다고 한다.

아토스가 언제부터 그리스정교와 인연을 맺게 되었는지는 정확하게 알 수가 없다. 러시아에서 전하는 전설에 따르면, 성모 마리아가 이곳에 왔고 그때부터 이곳 사람들이 기독교를 받아들였다고 한다. 마리아가 사도 요한과 함께 키프로스로 항해하다가 심한 폭풍을 만나서 이곳 아토스 해변에 닿게 됐는데, 그곳은 오늘날 '이베리아인들의 성(聖) 수도원'이 있는 곳이었다. 사실 10세기 이후 이곳 아토스에는 그리스인뿐 아니라 멀리 이베리아(이스파니아)인, 아르메니아인, 시켈리아인, 이탈리아인들이 세운 수도원도 있었으며, 지금은 사라지고 없어진 곳도 있다.

뜻밖에 아토스에 닿은 마리아가 주변 경관에 감탄하고 있을 때 하늘에서 '이곳이 당신의 땅이요 정원이요 천국이 되리라…' 하는 소리가 들렸고, 그 후 이곳이 '성모 마리아의 정원(Lot and Garden of Virgin Mary)'으로 불리게 됐다고 한다.

4세기 로마의 수도를 콘스탄티노플로 옮겼던 콘스탄티누스 대제가 이곳에 수도원을 많이 지었다는 말도 있으나 그런 증거는 남아있지 않다. 아무튼 4세기 이후 이곳에 기독교도 및 은둔의 수도승들이 생겨났고, 9세기경에 이르러 많은 군집이 이루어지면서 수도원이 많이 들어서게 됐다.

　　아토스, 즉 아기오 오로스 수도 생활의 선구자로 7세기 말 페트로스 아토니티스, 8세기 혹은 9세기의 에우티미오스 네오스 등 고명한 수도승들이 있다. 전자는 은둔적 수도생활, 후자는 집단적 수도생활을 지향한 것으로 서로 차이가 있다.

은둔의 아토스

　　아토스의 수도 생활이 본격화하게 된 것은 843년 비잔티움 여제 테오도라가 총대주교 메토디오스 1세와 함께 콘스탄티노플 공회의를 소집해 성화상을 다시 인정함으로써 성화상 투쟁에 종지부를 찍게 될 즈음이다. 약 100여 년 계속된 성화상 투쟁을 피해 수도승들이 이곳으로 피신처를 찾았기 때문이었다고 한다.

　　성화상 투쟁이란 8세기 초 비잔티움 황제 레온 3세 때 시작돼 9세기 초에 이르기까지 이어진 갈등으로, 레온 3세가 정교회의 성화(聖畵) 및 성상(聖像)을 금지하면서 발생했다. 그리고 약 1세기 후 테오도라 여제가 소집한 콘스탄티노플 공회의에서 성화만을 인정하는 선에서 일단락됐다. 공회의 결과, 성상은 우상이라 할 수도 있으나 성화는 그렇지 않고 기독교의 이해를 돕는 수단으로 정교에서 용인되게 됐다. 그 전통은 지금까지 내려와서 정교회에서는 로마 카톨릭

교회에서 볼 수 있는 마리아의 성상을 찾아볼 수 없게 되었다.

885년 바실레이오스 1세 황제의 칙서에 의해 아토스는 다른 세속과 단절돼 수도승들만 머물게 됐고 그 전통이 오늘날까지 내려온다. 이어서 960년 흑해의 트라페주스 출신인 아타나시오스 아토니티스는 흩어져 은둔해 있는 수도승들을 수도원 조직 내로 포섭하고 그 생활지침으로 제1차 강령[Typiko 혹은 Tragos(염소가죽에 적었다는 뜻)]을 만들었다. 후에 이 강령은 비잔티움 황제 이와니스 치미스키스(재위 969~976)의 윤허를 얻게 됐고, 아타나시오스는 당시 아기오 오로스의 58개 수도원의 대표가 됐다.

'정교의 본산(방주: Ark of Orthodox)'으로 불리는 이곳 아토스 자치 체제의 삶은 가치관, 사고방식, 주변 환경, 일상 등에서 현대의 세속적 삶과 다르다. 우선 아토스에서는 시간이 큰 의미를 갖지 않는다. 그리고 날마다 하나님을 향한 찬송이 원초적 자연과 하늘을 배경으로 울려 퍼져 경이로움을 더하는 곳이다. 일력도 우리가 사용하는 양력인 그레고리력(曆, Gregorian calendar: 1582년 교황 그레고리오 13세가 율리우스력을 개정한 것으로 100으로 나눠지는 해는 윤년에서 제외하되, 400으로 나눠지는 해는 윤년으로 둠)이 아니라 그 전의 율리우스 구력(舊曆: 이집트의 클레오파트라 여왕과 동거했던 로마 장군 율리우스 카이사르가 기원전 46년 제정한 것으로 4년마다 윤년을 둠)이 사용되고 있다. 지금도 여성들은 이곳에 출입할 수가 없다.

흑해 트라페준다와 마케도니아 베르미오의 '성모 수멜라' 수도원

흑해 남부의 해변 도시로 지금은 터키 영토이지만, 고대 그리스인이 드나들던 곳이었다. 이곳 그리스 신화의 고향인 트라페준다에는 정교회의 상징으로서 '성모 수멜라(파나기아 수멜라)' 수도원이 있다. 386년에 세워진 이 수도원에는 예수의 제자인 누가(루카스)가 만들었던 것으로 전해지는 '성모 수멜라' 상이 있었는데, 지금은 그리스 마케도니아의 베르미오 마을 새 '성모 수멜라' 수도원에 보관돼 있다.

사도 누가(루카스)가 만든 것으로 전해지는 수멜라 성모상

'수멜라'의 뜻은 흑해 방언으로 '멜라스 산으로'라고 한다. 380년 성모 마리아가 한 젊은 수도승에게 나타나 자신이 인도하는 곳으로 '아테네의 성모 상'을 옮기라고 지시한 다음, 그것을 들고는 사라졌는데, 그는 이곳 멜라스 산에서 성모상을 찾게 됐고 그곳에 이 수도원을 세웠으며(해발 1,320m), 성모상은 '수멜라 성모상'으로 불리게 됐다.

1923년 터키 공화국과 그리스 간에 무슬림과 정교도 간 주민 교환이 이뤄졌을 때 무슬림들이 이 수도원을 약탈하여 방화했는데, 당시 수도승들은 수멜라 상 등 성물(聖物) 3점을 인근의 작은 교회로 옮겨 보관했다. 1931년 터키 수상 이스메트 이노누가 아테네를 방문했을 때 그리스 수상 엘레브테리오스 베니젤로스가 이 성물들을 이양해 줄 것을 부탁했고, 이노누가 그 청을 받아들여 성물들이 아테네 비잔티움 박물관으로 옮겨졌다.

그 후 20여 년의 세월이 흐른 1951년, 마케도니아 서부에 위치한 베르미오 마을에 같은 이름을 가진 새 수도원이 세워지게 되고, 3점의 성물도 그곳으로 옮겨졌다. 이 수도원은 1923년 소아시아 및 흑해에서 쫓겨난 후, 흑해의 고향과 수멜라 수도원을 가슴에 묻고 살았던 그리스인 정교도 실향민들의 염원이 가시화된 것이었다.

현재 터키 영토지만 고대 그리스정교회의 상징인 성 수멜라 수도원(사진 출처 : 위키피디아 커먼스)

트로이-끝나지 않는 원정

히사르릭크 언덕, 그곳은 정말 트로이였을까

❧

트로이의 발굴은 하인리히 쉴리만이 1869년에 오토만 제국의 아나톨리아 서쪽 해변에서 가까운 히사르릭크(Hisarlik) 언덕의 발굴에 대한 허가를 신청했을 때로 거슬러 올라간다. 그는 이미 전설의 도시 트로이를 발견했다는 확신에 차 있었다. 1822년에 독일에서 태어난 성공한 사업가였던 쉴리만은 미국의 철도 산업에 투자해 부호가 됐지만 42세에 문득 은퇴를 선언한다. 이후 그는 자신의 시간과 돈을 여행과 고대 문명 연구에 바치겠다고 결심한다. 그의 관심은 다름 아닌 고대 그리스의 전설, 특히 트로이 전쟁의 서사에 나오는 잊혀진 장소들을 찾아내는 것이었다.

고고학자 쉴리만의 공(功)과 과(過)

그리스의 전설적인 작가 호메로스의 『일리아스』와 『오디세이아』에 나오는 트로이 전쟁의 이야기는 지중해 문명과 유럽 문화의 정체성 형성에 결정적인 역할을 한 서사문학의 최고봉으로 꼽힌다. 일리온(Ilion)—'트로이'라는 이름으로 더 잘 알려진—의 젊은 왕자인 파리스는 신들의 전령인 헤르메스에게서 헤라, 아테나, 아프로디테 중 제일 아름다운 여신을 고르라는 요청을 받는다. 세 여신들은 모두 자신이 선택되기를 원하며 파리스에게 대가를 약속한다. 헤라는 파리스에게 권력을, 아테나는 그에게 영웅의 명예를, 아프로디테는 세상에서 제일 아름다운 여인을 아내로 줄 것을 약속한다. 파리스는 아르포디테를 선택하고 이로 인해 아름다운 헬레나—스파르타의 왕 메넬라오스의 아내—를 만나게 된다. 헬레나는 파리스와 사랑에 빠지며 파리스를 따라 에게 해를 건너 막강하고 부유한 도시 트로이로 항해한다.

호메로스의 서사시에서 아카이오이족(Achaeoi)이라 불린 그리스인들은 헬레나를 되찾고자 대함대를 결집해서 아나톨리아 해안으로 출동한다. 메넬라오스의 동생이자 미케네의 왕인 아가멤논이 통솔하는 함대였다. 그리스인들의 요구에 응할 의사가 없었던 데다가 막강한 방어력을 자신했던 트로이는 이후 십 년에 걸쳐 그리스인들의 포위하에 기나긴 전투를 치러야 했다. 트로이는 마침내 유명한 영웅 오디세우스의 책략에 의해 함락되고 만다. 고국에서 이역만리 떨어진 끝없는 전쟁에 지쳐가던 와중에 그리스군은 오디세우스의 지휘에 따라 거대한 목마를 만들고 그 안에 병사들을 숨겨둔다. 그리스함대가 해안 너머로 사라지는 것을 본 트로이인들은 해변에 남아 있는 목마를 그리스가 항복의 표징으로 남겨둔 제물로 여긴다. 그들이 목마를 도시 안으로 들인 후 목마 안에 숨어 있던 그리스인들이 밤중에 트로이의 성문을 열었고, 트로이는 아무런 저항도 하지 못한 채 재빨리 돌아온 그리스 군에 의해 함락됐다. 도시는 약탈당하고 파괴됐으며 시민들은 살해되거나 노예가 됐다.

'육보격(hexameter)'이라 불리는 운율로 지어진 호메로스의 작품에 관해 많은 논의가 이뤄져 왔다. 특히 전쟁에 대한 묘사가 실제 역사적 사건에 기초한 것인지, 그리고 얼마나 많은 문학적 상상력이 개입된 것인지의 문제는 학자들의 주요 관심사였다. 그러나 현존하는 호메로스와 동시대의 문헌자료가 없는 상황에서 정답을 찾기는 어렵다. 호메로스의 시가 역사적 사건에 근거한다고 믿는 학자들도 호메로스가 다루는 시대에 대해서는 의견 차이를 보인다. 정치제도나 전투방식, 그리고 무기류를 비롯한 물건들에 대한 묘사와 그러한 물건들이 만들어진 재료는 후기 청동기 시대(기원전 1700~1200)나 초기 철기 시대의 초반부와 맞아떨어진다. 기원전 8세기에 살았던 호메로스가 그보다 몇 세기 전에 일어난 사건을 주제로 서사시를 썼다는 것인데, 이는 그의 서사시가 역사적 사건에 근거한 것인지에 대해 의구심을 갖게 하는 또 하나의 이유로 작용한다.

쉴리만이 현대 고고학의 선구자이기는 하지만 그의 발굴 방법은 날선 비판을 받아왔다. 히사르릭 언덕의 정착지는 트로이 전쟁 당시뿐만 아니라 그 이전과 이후에도 몇 세기 동안 사람들이 살았던 곳이다. 그러나 쉴리만은 호메로스의 트로이 시기에 해당하는 정착지층을 발견하기 위해 대규모로 언덕을 파 내려갔다. 오늘날 고고학의 발굴 방식과는 다르게 쉴리만은 파 내려간 각 층의 구조를 기록하지도 않았고 층별로 체계적으로 발굴하지도 않았다. 결과적으로 쉴리만은 단층의 상당 부분을 파괴했고, 결국은 훨씬 이전의 초기청동기 시대(기원전 2550~2200)의 요새층을 호메로스의 트로이라고 결론지었다. 우연히 값진 금속 그릇들과 청동 무기 및 금으로 된 머리띠 장식 등을 발견하기도 했는데, 이 발굴품들을 '프리아모스 왕의 보석'이라

명명하며 호메로스의 트로이를 발견하는 데 성공했음의 증거로 제시했다. 전문가들에 의해 이 발굴품들이 명백히 트로이 전쟁의 추정연도보다 훨씬 앞선 시기의 것임이 밝혀졌지만, 어쨌든 쉴리만은 대중적인 관심과 명성을 얻는 데에 성공했다.

쉴리만의 시절부터 현재까지 히사르릭크에 대한 발굴과 연구는 터키와의 협력하에 독일과 미국의 많은 연구소들에서 진행돼왔다. 히사르릭크가 트로이 도시였을 수 있다는 가능성에 기반을 두고, 히사르릭크에 대한 연구는 트로이를 포함한 모든 정착 시기에 대해 행해졌다. 총 열 개의 주요 정착 시기가 발견됐고 각 시기는 여러 세부 시기로 나뉜다. 히사르릭크에 집중된 발굴은 이 언덕을 그 지역에서 가장 많이 연구된 장소로 만들었다. 지금은 이 언덕이 시대적으로 어떻게 발전하고 변화했는지뿐만 아니라 타지역과의 무역과 정치 관계는 어떠했는지도 알 수 있다.

호메로스 서사시에 대한 의구심

그러나 아직도 충분히 규명되지 못한 부분이 있다. 바로 트로이 전쟁 추정시기에 해당하는 정착지의 역사적 진위의 문제이다. 호메로스는 트로이를 지역 간 권력의 중심지로 묘사했다. 히사르릭크에서 발견된 당시 정착층의 구조는 최근까지도 이 점을 충분히 입증하지 못했다. 다만 최근 십 년간 히사르릭크를 둘러싼 지역에서 이뤄진 현장발굴에 의해 언덕 아래 부분에 커다란 도시가 존재했음을 알 수 있게 됐다. 만약 참호에 둘러싸인 이 지역에 대단위의 인구가 정착해 살았다면 히사르릭크는 틀림없이 이 지역의 정착 구조에서 아주 중요한 입지를 가진 중심지였을 것이다.

전설의 도시 트로이에 대한 탐구는 계속된다. 단지 오래된 서사시
의 배경이 되는 장소를 찾는 것이 아니다. 이 탐구는 유럽 문화의 집
단적 정체성에 커다란 영향을 끼친 고대 유산의 기원을 밝히려는 시
도이다.

트로이의 유적지에 남아 있는 잔해(사진 출처 : 위키피디아 커먼스)

유럽의 민족과 가문들이 트로이에서 뿌리를 찾는 이유

　지중해와 유럽의 민족과 왕들이 호메로스의 서사시에 나오는 전쟁의 패자들—전쟁의 승자인 그리스인이 아닌— 즉, 트로이인들에게서 자신들의 뿌리를 찾으려 했다는 것은 역사의 아이러니가 아닐 수 없다. 이 중에서 트로이 혈통의 아이네아스(Aeneas)를 로마인의 조상으로 묘사하는 전설은 특히 중요한 의미를 가진다.

　로마제국의 황제 아우구스투스의 제위 시절에 베르길리우스가 집필한 서사시 『아이네이드(Aeneid)』는 많은 면에서 호메로스의 『일리아스』와 『오뒷세이아』와 비슷하다. 트로이의 영웅이자 왕족이었던 아이네아스는 트로이가 멸망할 때 탈출한다. 노쇠한 아버지를 어깨에 지고 어린 아들 아스카니우스(Ascanius)의 손을 잡고 트로이를 탈출하는 아이네아스의 모습은 로마의 예술품에 자주 나오는 모티프이다. 아이네아스는 살아남은 트로이인들을 모아 오디세우스의 모험에 필적할 만한 여행을 시작한다. 그의 종착지는 이탈리아 반도의 라티움 지역 서부의 해안가였다. 이곳 왕의 환대를 받으며 그는 왕의 딸 라비니아의 약혼자를 전투에서 이긴 후에 그녀와 결혼했다. 전설에 따르면 로마 건국 신화에 등장하는 도시 알바 롱가(Alba Longa)를 건설한 사람이 바로 아이네아스의 아들인 아스카니우스였다. 로마의 건설자로 알려진 로물루스와 레무스 형제는 아이네아스와 리비아의 아들 실비우스(Silvius)의 혈통이다.

　이 서사시가 로마제국의 국가적 정체성 인식에서 가지는 중요성은 로마 문화의 곳곳에 나타난다. 예를 들어 가이우스 율리우스 카이사르(Gaius Julius Caesar)의 성은 직접적으로 아이네아스의 아들인 아스카니우스와 연결이 되는데, 아스카니우스는 율리우스(Julius)라는 이름으로도 불렸다. 로마의 초대황제들도 모두 이 가문에 속했다. 이들은 황제가문의 우수성을 내세우거나, 평소에는 찬사를 아끼지 않던 그리스인들과 대립이나 전쟁을 해야 할 때, 그리고 심지어는 전설의 도시 트로이가 위치한 소아시아를 정복한 것 등을 정당화하기 위해서 트로이 혈통을 강조했다.

율리우스 카이사르의 후계자이자 로마 초대 황제인 아우구스투스는 전쟁의 신 마르스 신전을 건축해 로마 역사에서 위대한 인물들의 동상을 신전 양쪽에 세우도록 명령했다. 아이네아스의 동상은 사원 입구에서 가장 잘 보이는 곳에 세워졌다. 이곳에서 시민들은 끊임없이 로마와 트로이의 관계에 대하여 상기될 수밖에 없었을 것이다.

트로이 신화에서 로마인의 조상으로 묘사되는 아이네아스(Aeneas)의 동상(현재 나폴리에 위치해 있다).

트로이로부터 뿌리를 찾으려는 민족 중에서는 프랑크족도 있다. 이들은 게르만 부족들의 연합체로 기원후 3세기부터 현재의 독일과 프랑스에 해당하는 유럽 서부와 중부 지역에서 살았다. 프랑크족이 트로이 혈통이라는 것은 중세의 역사기록에도 남아 있으며, 심지어 라인강변의 도시인 크산텐(Xanten)은 '작은 트로이'로 불렸다. 중세에는 합스부르크 왕조나 호엔촐레른 왕조와 같은 귀족 가계들이 자신들의 혈통을 트로이의 왕족에서 기원하는 것으로 내세우는 것이 보편적이었다. 스칸디나비아 및 독일 신화에서 아버지 신으로 나오는 오딘(Odin)은 종종 아나톨리아 (트로이 유적지인 히사르릭크 언덕이 위치한 지방)인으로 묘사되기도 한다.

전 시대를 통틀어 수많은 가문과 민족들이 왜 트로이와의 연관설을 주장했을까. 무엇보다 그리스의 문화적 영향력을 통해 지중해에 널리 알려지게 된 호메로스의 서사시가 끼친 영향, 그리고 이 작품에서 묘사된 신들과 영웅들이 벌이는 전투, 우정, 배신 등으로 이뤄진 드라마의 한 부분이 되고자 하는 갈망이 강하게 작용했을 것이다. 트로이 전쟁에서 살아남은 자들의 탈출에 대한 내러티브는 자신의 혈통을 어느 정도 개연성 있게 신화의 영역으로 포함시키는 것을 가능하게 했다. 이로 인해 파괴된 도시 트로이는 많은 가문과 민족들의 신화적 근본이 됐고 유럽 문화사에 깊이 자리 잡은 하나의 개념이 됐다.

아나키적 고대 그리스 사회

특정인에게 권력을 집중시키지 않았던 '추첨제'의 효력

❧

　고대 그리스 폴리스의 정치체제가 우리의 관심을 끄는 이유 중 하나는 권력구조의 문제이다. 오늘날은 국가의 존재나 그 권력의 행사를 당연시하는 경향이 있지만, 고대 그리스의 폴리스는 권력의 주체가 성립돼 있지 않았다. 시민단으로 구성된 폴리스에서는 시민들이 모여서 모든 것을 결정한다. 이런 시민의 힘을 상징하는 것이 민회(ekklesia)였다. 민회 장소는 아크로폴리스의 서쪽 편 언덕 프닉스(The Pnyx)로 알려져 있으나 실제로는 편의상 어디서나 열릴 수 있었다. 오늘날도 그리스에는 동네 곳곳에 사람들이 모일 수 있는 광장이 있다.

　흔히들 이런 그리스 폴리스의 직접민주정치 체제는 나라의 규모가 작았기 때문이라고 이해하는 경우가 있으나 그렇지 않다. 핵심은 규모의 문제가 아니라 사회구조적인 것이다. 시민단의 폴리스에서는 각자가 무기를 소지했으며, 권력이나 무력이 한곳에 집중되거나 조직화돼 있지 않았다. 오늘날에 비겨서 말한다면, 고대 폴리스는 권력과 무력이 외부로 넓게 확산돼 개인이 소지했으며, 국가의 조직적 군대나 권력이 존재하지 않았던 아나키(anarchy, 무정부)적 사회였던 것이다. 시민의 자유란 노예노동에 반대되는 의미가 아니라 바로 국가가 행사하는 정치권력과 조직적 무력에서 자유로웠음을 뜻한다. 고대 그리스인들은 국가의 권력에 복속된 동방의 농민들을 '왕의 노예'로 불렀다. 고대 그리스인들이 근대국가에 소속된 우리를 본다면 '국가의 노예'로 칭했을 법하다.

권력·무력도 개인이 소지한 고대 폴리스

폴리스는 동방의 군주제나 오늘날 근대국가 같이 다소간에 일률적으로 편제된 행정조직 같은 것이 아니라, 개개인의 집합 혹은 각종 하위 공동체 집단을 중심으로 다핵적(多核的)이며 원심성이 강한 사회였다. 부족, 씨족, 가문 혹은 촌락공동체 등 폴리스의 하부조직은 다소간 후대보다 공동체성이 더 강했고, 폴리스의 기능에 유사한 자체의 조직 및 기능을 갖췄으며, 폴리스와 상호 협조체제를 이룬다.

특히 폴리스의 사회신분과 관련해 현재 우리나라에서 크게 잘못 이해되고 있어서 시정을 요하는 부분이 있다. 그것은 폴리스의 구성원이 시민과 노예로 나뉘어 있고 시민은 노예의 노동력에 의존해서 자유를 누린다는 것, 또 남성은 시민권을 가지고 있으나 여성은 시민권이 없어 거류외인이나 노예에 유사한 것으로 이해되고 있는 점 등이다. 그런데 시민은 노예에 대조되는 개념이 아니고, 또 여성도 시민으로 불리었다.

노예의 존재 여부와 무관하게 시민의 개념은 성립한다. 이때 시민이란 국가 구성원으로서의 지위만이 아니라 가문이나 씨족 등 혈연 공동체 내의 권한 및 지위와도 연관이 있다. 그래서 투표권이나 군역 복무와 무관하게 여성도 시민권자로 규정된다.

한편, 시대에 따라서는 시민과 비시민의 구분 자체가 명확하지 못한 경우도 있는데, 솔론(Solon, 기원전 638~558)의 시대의 아테네를 한 예로 들 수 있다. 솔론은 재산등급에 따라 4계층으로 구분하여, 부자에게 국가의 부담을 부과하고 빈자는 면제했다. 이때 폴리스의 구성원은 부유할수록 부담이 늘고 가난할수록 부담이 줄어드는 상황이니, 반드시 어떤 특권의 사회적 지위를 가진 '시민' 개념과는 무관하다.

이 능력자 부담의 원칙은 훗날까지 남아 아테네 민주정의 주요 원리가 됐다. 아테네에서는 국가의 행사나 전쟁을 치를 때에는 그 경비를 부자들에게 부담시켰다. 이때 국가는 필요한 전선만큼 부자 가운데서 선주를 지명하고 해마다 다른 사람으로 교체했다. 선주에 지명된 부자들은 적지 않은 경비를 사재에서 지출해야 했으므로 전쟁 자체를 기피하려는 경향까지 있었다. 많은 돈을 써야 되는 전쟁을 계속하기보다 차라리 항복해버리는 편이 낫다고 생각하는 것이다.

'재산 바꾸기 소송'이란 것이 있었는데, 이것은 한 번 선주로 지명된 사람이 그 부담을 피할 수 있는 유일한 길이었다. 그것은 주변에 자기보다 더 부유한 사람을 찾아내어 자신의 부담을 전가하는 것이다. 이렇게 엉뚱하게 '찍혀온' 사람이 고분고분 그 부담을 넘겨받는 일은 흔하지 않고, 양자 간에는 자연히 소송이 일게 된다. 토지도 값을 측정하기 힘들 때가 있고 또 여러 형태의 재산권이 있어 재산의 크기를 객관적으로 판단하기 어려울 때 재판관들은 마침내 '재산 바꾸기'의 방법을 택하도록 한다.

이것은 운 나쁘게 고발당한 사람이 그대로 부담을 떠안든지, 아니면 그것이 억울하다고 판단되면 자기 재산보다 더 많다고 생각되는 상대편의 재산과 맞바꾼 후 국가의 부담을 떠안든지, 양자택일하는 것이다.

능력자 부담원칙을 반영한 '재산 바꾸기 소송'

이 '재산 바꾸기 소송'은 국가사회에서 필요로 하는 경비를 능력이 있는 사람들에게 부담시키는 민주적인 원칙에서 비롯한다. 수혜자가 아니라 능력자가 부담하는 이런 원칙은 이미 솔론에 의해 그 초석이 마련된 것이었다.

또 아테네의 민주정치 하면 추첨제를 빠뜨릴 수가 없다. 이것은 관리나 민중재판소의 배심원 등을 추첨으로 뽑음으로써 권력이 특정인의 손에 집중되는 것을 방지하는 장치이다. 추첨제의 주요 목적은 필요에 따라 강화되는 국가의 기능 및 중앙권력을 특정한 소수집단이 아니라 되도록 많은 사람, 그것도 무작위 선출에 의해 행사되도록 하는 것이다. 고위관직 선출의 경우 그 추첨 대상은 엄격하게 인선을 해 능력 있는 사람들로 구성되도록 했다. 이것은 기득권자의 혈연·인맥 등이 인선에 영향을 미치지 않도록 하는 데 아주 효과적인 방법이었다.

재판소의 배심원은 사건의 비중에 따라 201, 301, 501, 1001 등으로 그 수가 달랐으나 모두 추첨으로 결정됐다. 추첨대상자들은 당첨 여부를 미리 알 수 없을 뿐만 아니라 재판정 가운데 어디로 들어가게 될 것인지도 미리 알 수 없었다. 재판 당일 재판정 앞에서 추첨으로 재판관들을 뽑고 해당 재판정을 배정하기 때문이다. 이와 같은 추첨제는 이른바 '로비'로 인한 부작용을 최소화할 수 있었다.

아테네 사람들은 국가의 기능이 다소간 강화되는 순간부터 그 권력이 불평등하게 행사되지 않도록 재빨리 대응조처를 취했다. 인간이라면 누구 하나 예외 없이 빠지기 쉬운 '제 팔 안으로 굽기'와 '제 편들기'에 대비해 제도적 장치를 마련한 것이었다. 아테네 사람들은 너무 영악해서 인간을 신임하지 않았다. 부자는 물론이지만, 학식 있고 덕성 있는 것으로 간주되는 사람들도 남을 위해 희생하기보다는 쉽게 자신의 이익을 우선한다는 점을 그들은 잘 알고 있었다.

고대 아테네의 추첨제를 보면서, 우리나라의 대통령이나 국회의원 선거도 추첨제로 하면 어떨까 하는 생각을 해볼 때가 있다. 그냥 무작위로 뽑는 것이 아니라 각 도별로 유능한 인재를 한 10명 정도 먼저 인선해 그들을 다 합쳐 추첨 대상으로 하고 그중에서 한 명의 대통령을 추첨해내는 것이다. 또 수가 더 많은 국회의원은 그 추첨 대상의 인원을 더 늘리면 된다. 그러면 한편으로, 정치적 조직과 무관하게 유능하고 청렴한 사람이 진출할 수 있는 기회를 갖게 되고, 다른 한편으로는 3선 혹은 4선 국회의원의 딱지를 달거나, 혹은 아버지도 아들도 국회의원이 돼 대물림하는 현상도 쉽게 볼 수가 없게 된다.

고대 아테네의 민주정치는 아나키(anarchy)적이고 합리적인 정신 위에 이루어진 것으로, 권력은 시민들 각자의 손에 분산되고, 또 그 권력은 추첨제를 통해 특정인에게 집중되지 않으며, 국가의 부담은 가진 자들이 능력에 따라 지도록 했다.

프닉스에서 바라본 아크로폴리스(오른쪽)와 리카비토스(왼쪽) 언덕(사진 제공 : 최자영)

오늘날의 그리스 민주정치

고대 그리스인의 아나키적 정신은 오늘날의 그리스 사회에서도 찾아볼 수 있다. 예를 들면, 그리스인은 문제가 생기면 경찰 등의 국가권력에 의지해서 해결하려는 생각보다는 우선 스스로 해결하려 한다. 그리스의 『경찰학원론』에는 '자기 일은 자기가 알아서 처리한다, 그래도 해결이 안 될 때는 경찰이 개입하는 것'을 원칙으로 하는 것이다. 모든 사람이 이른바 '시민경찰'이 돼 경찰이 할 일을 도와주는 셈이다. 위정자와 일반 국민을 구분하지 않고, 국민 모두가 사회기강과 법질서를 확립하는 데 직접 동참함으로써 위정자들을 도와 협조한다. 위정자만 권력을 행사하는 것이 아니라 '시민경찰'이 동참하기 때문에 이 또한 아나키적 권력의 분산이다. 사실 한정된 수의 경찰이 사회에서 발생하는 크고 작은 모든 문제를 해결해주기를 바라는 것 자체가 무리일 수 있다.

　이런 그리스인의 자유 시민 정신은 여전히 봉건적인 전통이 강한 우리 한국인에게는 다소간 낯선 것이라고 하겠다. 흔히들 119, 112 등에 전화만 하면 만사형통할 것 같은 생각을 갖는 사람이 많기 때문이다. 이와 달리, 그리스인은 자신 이외의 다른 누구도 자신만큼 스스로를 위해줄 수 있는 사람은 없다는 사실을 익히 알고 실천하는 사람들이다. 왕도 사또도 아니고, 대통령도 경찰도 아닌 나 자신이 스스로를 지켜나가야 한다는 것을 실천하는 그리스인이야말로 고대 신화의 영웅의 후손이요, 자유 시민의 후예들이다.

　그리스 현대사의 비극은 우리와 닮은 데가 있으나 차이점도 있다. 우리 한국과 같이 2차 세계대전 후 외세의 개입과 좌우익 간 충돌로 인해 동족상잔의 비극(1945~1949)을 겪었다. 그 후 1967~1973년 군부 쿠데타를 일으킨 파파도풀로스(Georgios Papadopoulos)에 의해 우익 독재정부가 수립됐다. 이때 우리의 4·19 학생의거와 같이 1973년 가을 아테네 공과대학교 학생들이 봉기해 흘린 피의 대가로 독재정부가 무너지고, 전통의 왕정이 폐지됨과 동시에 콘스탄티노스 카라만리스(Konstantinos Karamanlis)를 수상으로 하는 우익 공화정부(1974~1980)가 들어서게 된다. 이때 카라만리스는 1949년 이래 금지돼 지하로 들어갔던 공산당(KKE)을 합법화함으로써 이념상

25년 만에 민족화합을 이끌어 낸 카라만리스 수상

의 좌우를 가리지 않고 약 25년 만에 민족의 화합을 이루어내었다. 이를 통해 그는 오늘날까지 그리스인의 존경을 받고 있다. 그는 1990~1995년에도 그리스 제3공화국의 원수(대통령)직을 지냈다.

신들에 대한 경의, 고대 올림픽

알렉산더 1세도 경기에 참여하기 위해 '그리스 혈통'을 증명해야 했다

✤

　브라질의 리우데자네이루에서 개최될 2016년 올림픽은 프랑스의 역사학자이자 교육가였던 피에르 드 쿠베르탱(Pierre de Coubertin)의 주도로 1896년에 아테네에서 탄생한 근대 올림픽의 서른한 번째 대회다. 주지하다시피 올림픽은 고대 그리스에서 기원한다. 그리스 올림피아에서 성화에 불을 붙이는 관례 등, 근대 올림픽의 여러 요소들은 고대 올림픽 전통을 계승한다. 물론 근대 올림픽과 고대 올림픽에는 차이점들도 많이 존재한다.

　고대 올림픽 경기는 기원전 776년에 펠로폰네소스 반도의 엘리스(Elis) 지역에 있는 알티스(Altis)라 불리는 작은 평지에서 처음 열렸던 것으로 추정된다. 알티스는 현재에는 다소 외딴 지역이지만 고대에는 여러 경로를 통해 접근이 용이했던 장소다. 신화에 의하면 제우스의 아들인 헤라클레스가 알티스 평지에서 첫 번째 경기를 열었다고 한다. 고대 올림픽 대회는 근대 올림픽과는 목적을 달리했다. 그것은 아버지 신인 제우스를 숭배하는 것이었다. 경기를 관람하며 선수들을 응원하기 위해 올림픽에 참여하는 것은 오늘날과 크게 다르지 않지만, 무엇보다도 올림픽은 종교적 의례의 일부분이었다. 올림픽이 열리는 장소로 가는 것은 순례와 다름없었다.

하지만 고대에는 올림픽 참가권이 아주 제한적이었다. 오직 그리스 혈통을 가진 자유민 남성만이 참여의 권리를 누렸고, 이 전통은 엄격히 지켜졌다. 알렉산더 대왕의 선조였던 마케도니아의 알렉산더 1세조차도 경기에 참여하기 위해 자신이 그리스 혈통이라는 점을 증명했어야만 했다. 이른바 '올림픽 휴전'도 모든 그리스인들이 존중했던 관행이다. 올림픽 경기가 열리는 기간에는 모든 국가들이 휴전을 하고 경기 참가자들이 개최지까지 안전하게 여행할 수 있도록 했다.

올림픽이 열리는 날짜는 음력으로 정해졌으며 전령들은 그리스 전역을 돌아다니며 경기 시작 날짜를 공표했다. 경기에 참여하기를 원하는 선수들은 경기 시작 한 달 전에 엘리스에 도착해서 예선을 벌였으며 결선에 진출하게 된 선수들은 규칙을 엄수하겠다는 맹세를 해야만 했다. 올림픽 경기 종목은 점점 늘어나서 5일간의 일정으로 자리 잡았다. 경기는 두 번째 날에 시작했는데 첫 번째 날에는 제우스 신의 신전을 비롯한 여러 성역에서 종교제의가 거행됐기 때문이다.

첫 경기는 전차 경주였다. 전차 경주는 모든 경기 중에서 단연코 영예스럽고 인기가 높았으며 동시에 비용이 제일 많이 드는 경기였다. 전차 경주는 히포드롬(hippodrome)이란 경기장에서 열렸다. 히포드롬은 약 400미터 간격에 두 개의 장대를 세운 직사각형의 열린 공간이었다. 경주는 경기장 열두 바퀴 이상을 돌아야 끝이 났고, 전차 간의 충돌은 특히 장대가 꽂힌 반환점에서 빈번히 일어났다. 승리는 전차를 몬 선수가 아니라 전차와 말을 소유한 사람의 것이었다.

두 번째 날에는 철인 5종 경기가 행해졌다. 5종 경기의 종목은 원반, 멀리뛰기, 투창, 달리기와 레슬링이었다. 이 다섯 종목은 근대 올림픽 5종 경기의 종목과 똑같지만 경기가 실행된 방식은 아주 달랐다. 예를 들어 멀리뛰기는 연이어 다섯 번을 뛰도록 돼 있었으며, 투창에서는 가죽끈을 사용해 보다 힘차게 창을 던질 수 있었다. 전차 경주를 제외한 나머지 경기에서 선수들은 온몸에 올리브유를 바르고 나체로 경기에 참여했다. 경기가 끝난 후에 선수들은 '스트리길리스(strigilis)'라 불리는 딱딱한 도구를 사용해 올리브유와 몸에 붙은 모래를 떼어내야 했다.

올림픽의 세 번째 날에는 경기가 열리지 않았지만 제일 중요한 행사가 열린 날이었다. 제우스를 비롯한 신들에게 제사를 올리고자 백 마리가 넘는 암소가 제물로 바쳐지고 제사 후에는 만인이 참석하는 성대한 연회가 열렸다. 네 번째 날에는 경기장에서 달리기 경주가 열렸다. 달리기 경주의 종목으로는 단거리 달리기, 장거리 달리기, 그리고 헬멧을 쓰고 정강이받이를 하고 방패를 쥔 채로 달리는 무장 달리기가 있었다. 네 번째 날의 저녁에는 권투와 레슬링 같은 싸우기 종목이 행해졌다. 이 싸우기 종목에서 오늘날과 다른 점은 몸무게에 따라 급을 나눠 싸우지 않고 제비뽑기로 상대선수가 정해졌다는 점이다. 권투 선수들은 손에 가죽끈을 감고서 상대와 겨뤘는데, 시간이 지나면서 가죽에 금속 조각을 박아 사용하는 것이 점차 보편화됐다.

대회의 마지막 날은 각 경기의 승리자들에게 영광을 수여하는 날이었다. 승자에게 부여된 상은 올리브 나뭇가지로 된 화환이었다. 오늘날 우리에게 이 상은 보잘것없이 보일 수도 있으나 이들에게는 승리 그 자체가 이미 충분히 값진 상이었다. 올림픽 경기에서의 승리는 인간사에 끊임없이 개입하는 그리스의 신들이 그 승자를 소중히 여기고 있다는 것을 나타내는 것이기 때문에, 승리는 곧 신으로부터의 보상이었다. 또한 고향으로 돌아간 승자들은 크나큰 환영뿐만 아니라 물질적으로도 상당한 보상을 받았는데, 이는 이들이 자신의 영예를 위해 싸웠음과 동시에 자신이 태어난 도시 국가의 대표로서 출전해 거둔 승리이기도 했기 때문이었다.

범아테네 경기(Pananthenais Games)에서 승자에게 상으로
주어진 암포라 화병의 B면에 새겨진 달리기 선수들의 그림
(사진 출처 : 위키피디아 커먼스)

고대 올림픽은 천 년 이상 계속됐다. 로마 황제들은 모든 로마 시민이 올림픽 경기에 참여할 수 있게 했으며 경기 시설을 유지하고 정비하는 데에 많은 투자를 했다. 기원후 3세기에 연이어 발생한 지진은 올림픽이 열린 지역에 막대한 피해를 가져왔다. 고대 올림픽은

393년에 막을 내렸다. 강력한 기독교인 황제 테오도시우스 1세가 더이상 국가의 종교와는 관련이 없는 올림픽 경기의 개최를 금지했던 것이다. 그리고 고대 그리스와는 사뭇 다른 상황에서—적어도 운동선수들의 뛰어난 기량에 대한 관심에서만큼은 유사점을 보이는— 근대 올림픽이 다시 시작된 것은 무려 1천 500년이라는 시간이 지난 후였다.

그리스 성역의 보물 창고, 권력의 과시

신들이나 초자연적 존재들에게 제물을 바치는 것은 종교에서 필수적인 요소들이다. 고대 그리스 종교 역시 예외는 아니었다. 비록 그리스 신들에 대한 종교적 믿음 자체는 이미 오래전에 소멸됐더라도 우리는 현존하는 자료들과 에게 해 제도의 고고학적 유물들을 통해 고대 그리스의 신앙과 제의에 대해 많은 것을 알 수 있다. 일반적으로 희생제물을 바치는 의례를 행하는 이유는 다양하다. 그중 가장 두드러진 이유는 신을 찬미하거나 신에게 도움을 요청하거나 아니면 신이 보여준 호의에 대한 감사의 표현이다. 하지만 희생 제의의 효과는 항상 성스러운 것만은 아니었다. 특히 많은 사람들 앞에서 행해진 제의는 관중들에게 그 제의를 행하는 사람의 권력과 부를 과시하고자 하는 목적도 가지고 있었다.

고대 그리스의 희생 제의는 종종 동물을 죽이거나 음식을 제공하는 의식을 동반했다. 하지만 동물이나 음식 이외에도 특정한 의미나 가치를 지닌 물건들이 신들에게 바쳐졌다. 동물이나 음식들이 제물로 바쳐지면 제사 기간 동안의 연회에서 다 소비되지만, 반면에 제사 기간 동안에 바쳐진 물건들은 제사 후에 그대로 사라지지만은 않았다. 평범한 헌납물들은 사람들이 접근하기 어려운 장소에 버려진 반면, 미적으로 뛰어난 가치를 지닌 헌납물들은 관리하고 진열해놓을 수 있는 일종의 보물 창고에 저장됐다.

그리스 델포이의 신탁 유적(사진 출처 : 위키피디아 커먼스)

델포이에 있는 아폴로 신전은 고대 그리스인들에게 세상의 중심이라 여겨졌으며 올림피아드 경기에서 제일 중요한 대회인 올림픽이 발생한 지역이기도 하다. 이러한 지역의 주 도시들은 시민들이 신들에게 헌납한 값진 물건들을 전시하기 위해 보물창고들을 운영했다. 그리스 도시 국가들이 서로 경쟁관계에 있었던 것을 고려하면 이 보물창고들은 권력과 부를 직접적으로 과시하는 방편이기도 했다. 제사를 위해 바쳐진 물건들뿐만 아니라 전쟁과 경기에서의 승리에 대한 보답으로도 많은 물건들이 기부됐기 때문에 보물창고에서 전시된 물품들은 신들의 가호를 입증하는 증명이기도 했다. 신들에게 바쳐진 물건에는 무기, 갑옷, 헬멧뿐만 아니라 동이나 테라코타로 만들어진 작은 동상들, 삼각 그릇들, 심지어는 사람 크기의 동상들도 있었다. 여기에는 기부자의 성명이라든지 때로는 기부를 한 이유가 새겨져 있기도 하다.

대부분 이러한 보물창고들은 신전의 형태를 취하고 있다. 전면에 기둥이 줄지어 있고 작은 현관이 있으며 안에는 방 한 칸이 있는 단순한 규모의 신전과 유사하다. 올림피아에서는 열두 개의 보물창고가 발견됐다. 신탁으로 유명한 델포이에서는 헌납으로 채워진 보물창고들이 아폴로 신전으로 향하는 길을 따라서 배치됐다. 그리하여 델포이를 방문하는 사람이면 누구나 아폴로의 신탁의 힘을 느끼고 눈으로 보게 되는 것이다. 보물창고에 진열된 헌납물은 일시적으로 행해진 희생제의가 영원히 보존되는 방식이었다. 신에게 바쳐진 헌납물은 신의 것이지만, 그것을 바친 도시나 시민의 사회적 위치와 명성을 드높이고자 한 희생제의의 효과는 계속되고 있다.

2

문명의 교차로,
모든 길은
로마로 통한다

❖ 시칠리아, 유럽문명의 모자이크

❖ 콜로세움

❖ 이탈리아 문화

❖ 라틴어 문장은 왜 대문자로 시작하지 않는 걸까?

❖ 르네상스 예술과 사회

시칠리아, 유럽문명의 모자이크

슬픈 '칸타타' 혹은 문명의 용광로

✤

시칠리아. 유럽, 아시아 그리고 아프리카 대륙의 문명들이 교차하던 곳. 고대에는 '식씰리아(Sixilia)'로도 불렸던 지중해의 고도(孤島). 바람에 흘러 지중해를 떠다니다 이탈리아 장화의 코에 걸려 그곳에 머물렀다고 한다. 서유럽, 아랍-무슬림, 비잔틴 그리고 이들에 의해 매개된 동방의 문화도 교차했다. 특히 12~16세기에는 한편에서는 종교와 이념에 의한 전쟁이, 다른 한편에서는 해상교역과 인적교류가 지중해를 거대한 문화접변의 소용돌이로 휘감았다. 오늘날에는 9개 주(州)에 390개의 자치도시들이 삶을 꾸려가는 지중해의 가장 큰 섬이지만, 고독과 침묵의 공명은 아직까지도 과거 슬픈 역사의 숨결을 토해내고 있다.

불통(不通)의 세월에 굳어버린 문화퇴적층

흔히 유럽여행의 마지막 여정은 이탈리아라고 한다. 가장 감동적인 장면들을 나중에 봐야 한다는 것이 경험자들의 공통된 의견이다. 그중에서도 시칠리아는 이탈리아 여정에 있어 최후의 방문지 혹은 상상 속 여행에 머물기 일쑤이다. 시간과 비용의 문제겠지만, 무엇보다 낯선 이미지의 선입관도 적지 않게 작용한다. 하지만 여기 시칠리아는 유럽문명을 한눈에 담을 수 있는 기회의 시공간으로 그 파노라마의 시작과 끝은 고대 그리스 세계에서 현재에 이른다.

문명의 다양성은 곧 문명 간 교류의 역사를 의미한다. 유럽문명에 대한 시칠리아 역사의 프랙탈 구조는 서로의 공존을 위한 상통(相通)이 아니라, 지중해를 둘러싼 외부세력들의 일방적인 지배(그리스-로마, 고트족과 비잔틴, 이슬람과 노르만, 프랑스 앙주 가문과 스페인의 아라곤 왕조, 오스트리아의 부르봉 왕조와 통일 이탈리아 왕국), 즉 불통(不通)의 세월에 굳어버린 문화퇴적층에 가깝다.

오늘날 자치주로서 상당한 자치권을 누리고 있음에도 여전히 종속의 그물은 람페두사(『가토파르도』)의 말처럼, "우리와 같은 종교를 갖지 않고, 우리와 동일한 언어를 사용하지 않으면서, 자신들의 이익만을 추구하는 통치자의 오랜 지배에 너무나 익숙해져 있소 (…) 우리는 2천 500년 전부터 식민지외다"를 반복하고 있다. '나와는 다른 사람들'의 고독을 내가 어찌 알겠는가! 하지만 분명한 것은 이곳의 삶이 자연과 인간이 서로를 닮아가는 아름답고 슬픈 '칸타타'이며 동시에 복수 문명의 흔적들을 품어 녹이는 용광로 그 자체라는 사실이다. 에드워드 테일러는 저서 『1871년의 원시문화』에서 "시칠리아가 없는 이탈리아는 그 어떤 이미지도 남지 않은 영혼일 뿐이다. 시칠리아는 모든 것의 열쇠이다"라고 말한다. 그렇다. 시칠리아는 지중해 문명의 아고라로 이어지는 통로이다.

로마의 테르미니 기차역에서 시작된 시칠리아 여정은 가을의 초엽, 어둠이 찬기를 끌어들이는 늦은 오후에 시작된다. 멀리 암스테르

담에서 달려온 기차가 10번 플랫폼에 들어선다. 잠시 후 로마를 벗어난 기차는 다시, 나폴리를 지나 종착역인 팔레르모를 향해 내달린다. 벌써 날은 저물어 차창에는 나의 모습이 드리운다. 침대에 누워 뒤척이기를 몇 번… 이내 아무것도 기억나지 않는다.

시칠리아 메시나 지방의 모타 카마스트라에서 내려다본 알칸타라 계곡, 자치도시 프랑카빌라의 전경
(사진 출처 : 위키피디아 커먼스)

덜컹이는 소리와 함께 날카로운 쇠 마찰 소리가 자명종을 대신한다. 본능처럼 창밖을 쳐다보지만 아직 어둠이 가시지는 않은 것 같다. 시끄러운 소리가 또 얼마간 이어진다. 하지만 기차가 달릴 때와는 사뭇 다른 느낌이다. 그 이유를 얼마 후 또 한 번의 새벽 여명과 함께 알게 됐다. 창밖으로 잔잔한 회색빛 바다가 보이더니 기차는 다시 움직이기 시작한다. 기차가 새벽 무렵 배로 옮겨진 채 시칠리아에 상륙한 것이다.

여권을 돌려받고 내릴 준비를 마치자, 기차는 팔레르모 중앙기차역의 한 선로에 멈춰 선다. 아침도 먹고 세수라도 할 요량으로 기차역내에 들어선다. 이른 시간이지만 달콤한 카푸치노의 향, 이국적인 나무들의 신기한 모습, 신선한 아침 공기, 이른 아침부터 시끄럽게 느껴지는 사람 사는 소리들, 그리고 무엇보다 강가의 작은 조약돌처럼 다양한 모양과 화려한 색감의 과자들이 나의 미각을 긴장시킨다. 유혹에 나를 내맡긴 채 씻는 것도 포기하고 바로 달려간다. 우유를 넉넉히 넣은 카푸치노에 과자 하나를 골라 한 입 베어 무니, 주변 사람들의 사투리 사이로, 그것도 입안으로부터 "앗 쌀라무 알라이쿰"이 들려온다. 이 섬이 살아온 역사의 한 조각을 맛보았으니, "안녕하세요"라고 말했으리라.

한 번도 이탈리아였던 적이 없는 이방(異邦)

오늘날 시칠리아는 베니스와 함께 이탈리아 영토이지만, 역사에서만큼은 단 한 번도 이탈리아가 아니었다. 단지 한 집안일 뿐, 사실상 낯선 이방인이라 해도 무방할 듯싶다. 베니스가 소금과 생선 그리고

고리대금업과 해상무역으로 나 홀로의 고도를 건설했다면, 시칠리아는 척박한 자연환경, 안(전통적인 지주계층)과 밖(외부의 지배세력)으로부터 이루어진 수탈과 착취로 불통의 역사를 연출했다.

굴욕의 역사는 이 섬의 건축에서도 여실히 드러난다. 심지어 전문적인 식견이 없어도 조금의 눈치만 있다면 풍부한 색과 형태, 명암을 달리하는 이질적인 선들이 연출하는 다양한 시대와 양식들을 직감할 수 있다. 그리스 신전들의 도시 아크라가스(아그리젠토)에는 디오스쿠리 신전과 콘코르디아 신전이 현존하며, 주피터 신전은 투박하지만 견고한 로마제국의 위용을 드러낸다. 또한 몬레알레 성당과 제수 교회는 각각 아랍과 노르만의 건축적 공존과 비잔틴 양식을 뽐낸다. 뿐만이 아니다. 근대에 접어들면, 특히 조각의 영역에서 바로크와 로코코 등 화려함과 세심함의 예술성이 작품들의 금빛 음영에 그대로 묻어난다. 시칠리아 건축의 가장 큰 특징은 모든 시대의 작품성이 시대를 초월한 채, 한 건축물에 공존한다는 점이다. 그래서 시칠리아의 역사는 지우고 쓰는 것을 되풀이 하는 반복의 역사가 아니라 사용된 공간을 또다시 사용하는 중첩의 역사라고 한다.

고독과 정체된 느낌… 바다 끝자락에 주저앉아 넋을 놓아버린 듯 한 적막감… 간간이 들려오는 올리브 나뭇가지들의 바람소리들. 돌아오지 않을 남편을 기다리는 과부의 검은 옷에 배어나는 아픔과 다를 것이 없어 보인다. 이 슬픔. 지중해 먼바다의 코발트-프러시안 블루에 닫혀버린 비극-희극의 그리스적인 역심리로 이해하면 안 될까.

체팔루의 전경

또 한 번의 비극, 람페두사를 물들이다

2013년 10월 3일. 지중해의 몰타 섬과 튀니지 사이에 위치한 작은 섬으로 행정적으로는 시칠리아에 속한 람페두사는 또 한 번의 비극으로 우울한 아침을 맞이했다. 이번에는 111명의 주검이 확인됐다. 리비아를 떠난 몇 평 남짓한 작은 배에는 본국의 절망적인 삶에서 벗어나기 위해 탈출을 감행한 440명이 타고 있었다고 한다. 하지만 이번 비극은 처음이 아니었듯이, 관계자에 따르면 확고한 대책이 취해지지 않는 한, 앞으로도 멈추지 않을 것이라고 한다.

람페두사의 비극은 무엇보다 유럽연합 차원의 정치적인 노력이 경주되는 부분이다. 왜냐하면 사태의 중심에 죽음을 무릅쓰고 북아프리카로부터 불법입국을 감행하는 가난한 시민들이 있기 때문이다. 문제는 이러한 반복 앞에서 이탈리아는 그 어떤 법적조치도 취할 수 없는 진퇴양난의 상황에 직면해 있다는 점이다. 한편에서는 불법 입국자들에 대한 법적인 대책이 필요하지만 다른 한편에서는 끝없이 이어지고 있는 바다로부터의 불법입국에 온정만을 베풀 수도 없는 것이 사실이다. 이탈리아의 정치인들 사이에서는 이러한 불법이민의 대부분이 노동을 위한 것이 아니며 따라서 이들을 모두 본국으로 돌려보내야 한다는 볼멘소리도 없지 않다.

그럼에도 이탈리아는 지속적으로 변화를 거듭하는 이러한 현상에 대해 적절한 법적 근거를 마련해, 불법이민의 범죄를 재정의하고 극복해야 할 것이다. 뿐만 아니라 전쟁을 피해 도망하거나 정의를 위해 노력한 자들을 보호해야 한다는 민주주의의 명분도 지켜져야 할 것이다. 우리 시대의 이민이 세계화의 자연스런 결과로 발생하듯이, 국가의 법도 이러한 변화의 흐름을 적극 수용해야 할 것이다.

람페두사의 비극에서 살아남은 모녀가 섬을 떠나고 있다.

콜로세움

그 지나간 '영화(榮華)'의 의미를 읽는 다섯 가지 시선

❧

유럽에 가면 이탈리아, 특히 로마는 가장 마지막으로 보라고 한
다. 이기적 발상이 아님을 양해한다면 그만큼 로마의 문화유산은 구
대륙의 다른 지역들에 비해 관(觀)의 경계를 넘어선다는 뜻이다. 콜
로세움은 바티칸의 베드로 성당과 더불어, 우리의 감각을 압도한다.
특히 전자의 역사성은 우리에게 자신이 경험한 영욕의 공간을 향한
시간여행의 착각을 불러일으킨다.

불수편애편오 왈인(不受偏愛偏惡 曰仁)

세상의 모든 것은 그 시작이 있듯이 끝도 있기 마련이다. 자연이
춘하추동(春夏秋冬)을 주기로 반복과 진화를 거듭하는 것처럼, 우리
의 역사도 같은 맥락의 시공을 통과한다. 동양에서 춘(春)은 방이고
원(元)이며 그 기세는 어린아이의 기지개처럼 곡직(曲直)이며 양(陽)의
기운이 가장 왕성한 때다. 콜로세움의 건설은 로마제국의 위세가 절
정을 향해 치달을 때인 베스파시아누스 황제의 치하에서 시작돼 티
투스 황제 때 완성됐다. 우리의 '무럭무럭'한 어린 시절이 가장 버릇

없던 기간이었듯이, 콜로세움은 정복된 자들의 혈세와 예루살렘 약탈의 대가였다. 공자는 이 순간에 인(仁)의 중요성을 강조했다. 콜로세움은 로마제국의 독재자였던 네로가 국유지를 불법으로 점유하여 건설한 황금저택(Domus Aurea)과 거대한 인공호수의 공간과 중첩된다. 유가에서는 '불수편애편오 왈인(不受偏愛偏惡 日仁)'이라 했는데, 콜로세움은 무력에 굴복한 자들에 대한 로마제국의 편애, 편오를 상징한다.

불수전강전편 왈예(不受專强專便 日禮)

이처럼 콜로세움은 승리의 로마를 위해 세상이 잉태한 영광, 즉 세상이 나를 위해 존재한다는 인식이며, 자신감이었다. 로마제국의 건설은 강력한 군사력과 정복된 자들에게 위반 시 잔인한 보복을 전제하는 자치권 부여의 동맹정책에 근거한다. 2차 포에니 전쟁 당시 카르타고의 한니발은 "로마를 상대로 전투에서는 이길 수 있어도 전쟁에서는 이길 수 없다"고 하였다.

콜로세움은 건설 당시 거대한 야외극장의 용도로 설계됐다. 율리우스-클라우디아 가문의 황제들에 의한 소규모 사례가 있었지만(캄파냐, Campagna), 로마에 최초이며 전대미문의 거대한 건축물이 들어선 것은 처음이었다. 콜로세움은 둘레 527m, 내부공간의 넓이 3.357 m², 높이 52m 그리고 가로 세로 187,5 e 156,5 m로 지어졌다.

베스파시아누스 황제의 아들이며 후계자였던 티투스는 콜로세움의 완성을 기념해 100일 동안 축제를 벌였다(80). 뿐만 아니라 같은 시기에 다양한 축제행사를 위한 보조건물들, 예를 들면 검투사를 위한 거처와 훈련장 그리고 이들의 주검을 처리하는 공간, 무기저장고가 함께 지어졌다. 콜로세움은 고대인들에게는 수억의 별들로 채워진 거대한 우주와 같았을 것이다. 하지만 공간의 거대함도 5만 명 이상의 시민들이 질러대는 함성에는 턱없이 부족했을 것이다. 오로지 군사적 강력함으로 편리와 독점 그리고 즐거움을 추구하였으니 어찌 삶의 역사에 불수전강전편 왈예(不受專强專便 曰禮)를 다했다고 할 수 있을까.

불수전시전비 왈의(不受全是全非 曰義)

콜로세움은 검투사들의 죽음을 담보한 사투와 공공행사를 위한 공간이었다. 로마 시민들은 이곳에서 사냥연출이나 과거의 전쟁에서 거둔 위대한 승리 또는 고전시대 신화의 줄거리들을 구경했다. 뿐만 아니라, 비록 이곳은 기독교인들의 박해를 위해 지어졌다는 전통과는 거리가 있지만, 기독교 순교자들의 피로 얼룩진 무대이기도 했다. 검투사들의 싸움은 치열했다. 상대를 죽여야 살 수 있었기 때문이다. 때로는 2명 이상을 적으로 상대하기도 했으니 죽음에 대한 공포는 상상을 초월했을 것이다. 확실한 승패만이 삶을 조금이나마 더 연장하는 잔혹한 방편이었다.

로마시민들의 함성은 삶과 죽음이 확실하게 갈리는 장면에서 폭발했다. 상대의 실제 비극을 나의 희극으로 삼았으니 운명의 시비에 대한 집착은 결코 의롭지 못한 것이었으며 잔인함의 극치였다. 게다가 살아남은 검투사의 '추수(秋收)'한 승리조차 검투사의 삶을 완전히 보장하지 못한 채 황제가 치든 엄지의 행방으로 빼앗길 수 있었

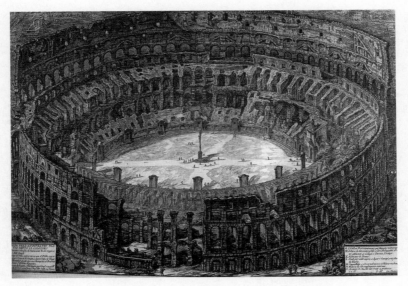

티스타 피라네시(Giovanni Battista Piranesi)의 작품. 1750년경, 콜로세움의 내부 전경. 십자형의 교차로가 보인다(Colosseum with Stations of the Cross. Engraving).

으니 불수전시전비 왈의(不受專是專非 曰義)와 다를 바가 없다. 계절의 변화로 보면 이러한 상황은 추상(秋霜)과 살벌(殺伐)로 대변되는 마지막 양기(陽氣)의 분출이며 로마제국의 몰락이 싹트고 있던 절정의 무대연출이었다.

불수자총자명 왈지(不受恣聰恣明 曰智)

오늘날 콜로세움은 더 이상 과거의 영욕을 대표하지 않는다. 구름 끼고 비 오는 날이면 칙칙한 모습으로, 햇살 쨍쨍한 날에도 음산함을 멈추지 않는다. 조용하고 고요하다. 말을 하지도 않는다. 다만 이

콜로세움 전경(사진 출처 : 위키피디아 커먼스).

곳을 찾는 우리의 기억에 사로잡힌 채, 작은 회환의 바람만을 일으킬 뿐이다. 멋진 폼도, 역사의 현명함도…. 불수자총자명 왈지(不受恣聰恣明 曰智). 자만의 모습은 더더욱 아니다. 하지만 로마는 자만을 스스로 멈춘 것이 아니다. 콜로세움은 자기의 시대에 보여준 염상(炎上)의 역사가 지혜를 다하지 못한, 과한 풍요로움과 교만의 역사였다. 그러기에 콜로세움은 가을 서리에 지중해 문명의 꽃들이 시들어버린 채 모든 것을 빼앗긴 앙상한 제국의 흉물로 전락했다.

불수남물남욕 왈신(不受濫物濫欲 曰信)

지난 2011년에는 530만 명이 콜로세움을 다녀갔다고 한다. 나의 경험에, 콜로세움을 보고 난 후 돌아선 발걸음에는 과거 로마의 넘침이나 끝없는 욕망은 남아 있지 않았다. 2012년에는 비가 많이 내려

40cm 정도 기울었다고 한다. 역사의 차고 넘침이 있다면 기울고 사그라드는 그 끝도 있나 보다. 이제 나의 마음에는 편벽됨도, 자아의 강한 주장도, 지식에 대한 수다도 소용이 없음이 느껴진다. 불수남물남욕 왈신(不受濫物監欲 曰信). 콜로세움이 나를 이 세상과 중재한 것은 아닐까.

이탈리아 정치혁신, 혁명인가 또 한 번의 실패인가

2014년 2월 22일 이탈리아에서는 마테오 렌치(Matteo Renzi)가 전년 12월 8일의 선거를 거쳐 이탈리아 공화국 대통령에 의해 이탈리아의 수상으로 지명됐다. 이로서 마테오 렌치는 이탈리아 헌정 사상 가장 젊은 나이에 수상에 올랐다.

이탈리아 공화국 대통령 조르지오 나폴레타노(Giorgio Napoletano)(앞줄 왼쪽)와 나란히 선 마테오 렌치(Matteo Renzi)(앞줄 오른쪽)

지난 2009년부터 피렌체의 시장이기도 했던 그는 유럽연합의 회원국인 이탈리아의 중흥을 위한 극단적인 조치로서 지도계층의 물갈이는 물론 정치 비용의 감축을 위한 노력으로 큰 반향을 불러일으킨 바 있었다. 심지어 그는 양원 중 하나를 폐지하고 정당에 대한 공적인 지원을 철폐하며 또한 시민들이 직접 정치인을 선출하는 방안을 새롭게 주장했다. 더구나 그는 각 정당의 신문들에 대한 국가보조금 지급에 대해서도 개혁을 예고하고 있어 관심을 집중시키고 있다.

이탈리아 국민이 마테오 렌치를 주목하는 또 다른 이유는 내각 구성에 있어 남녀의 비율 형평성을 정확하게 맞춘 것은 물론, 신임 장관들의 인선에 있어서도 나이와 경력에 있어 파격적이었다는 사실이다. 이로 인한 이탈리아 국민의 반응은 경험부족을 이유로 하는 불안감과, 과거와는 다른 신선함으로 극명하게 갈리고 있다. 이탈리아 국민은 신선함의 행복한 결과를 기대하고 있다. 하지만 일각에서는 결과를 통해 스스로의 결정을 증명하지 못할 경우 이번 정부 역시 최단명으로 끝날 것이라는 우려가 흘러나오고 있다.

이탈리아 문화

새로운 원형이정(元亨利貞)의 여정… 동방을 향한 문명 귀환의 가능성

✤

정체성은 상통(相通)을 위한 필수조건이다. 내가 누구인가를 알아가는 것은 궁극적으로 남을 위한 배려이며 공존을 위해 실천해야 할 '한 몫'이다. 사회 공동체나 국가의 경우에도 고유한 정체성 요인들은 '나'와 '우리'만을 위한 인위적인 자연스러움을 넘어 다른 주체들과의 관계를 추구한다.

흔히 사람들은 정체성 요인들이 일관되고 논리적인 원리만을 따른다고 생각한다. 항상 그런 것은 아니다. 형성 배경을 보면 정체성 요인들은 '닮음'과 '다름'의 외피 속에, 서로 통하는 대칭성을 가진다. 약초에 약효가 있는 것은 그 속에 독이 있기 때문이다. 역사를 통해 형성된 이탈리아 정체성의 요인들은 대칭적 공존의 특징을 보여준다.

역사 속 대칭적 정체성의 형성

이탈리아의 역사는 로마제국의 지배, 자치도시들의 해상활동, 외세의 지배에 의한 '정체의 시대' 그리고 19세기의 통일로 전개됐다.

제국의 지배하에서는 수도 로마를 품은 채 제국의 중심에 위치했다. 476년 서로마가 몰락한 이후에는 게르만족의 유입과 중앙권력의 붕괴 그리고 지중해 해상활동의 분열로 인해 유럽의 중심에서 멀어졌는데, 특히 9세기 초반 프랑크 왕국이 성립된 이후에는 유럽 정치권력의 변두리에 오랫동안 머무르게 됐다.

하지만 제국의 분열은 중앙권력이 사라진 상태에서 새로운 역사 접변의 모태로 작용했으며 베네치아, 제노바, 피사 그리고 아말피(Amalfi)와 같은 해상공화국들의 지중해 중계무역활동이 그것이었다. 그리고 유럽사의 권력 패러다임이 알프스 이북으로 옮겨간 시점에서 대륙의 농업적 기반(장원경제)과 지중해의 상업 및 교역 활동은 공존과 균형의 변화를 거듭했다.

14~16세기에는 반도의 해상공화국들이 지중해의 동부와 남부에 걸쳐 방대한 제국을 형성한 아랍-무슬림과의 접촉을 통해 4대강 중심의 대문명 세계와 관계를 본격화하면서 부의 축적과 더불어 대륙 문명 간 교류의 한 축을 담당할 수 있었다. 이 기간은 반도의 역사는 물론 세계사적으로도 가장 의미 있는 순간들 중 하나였다. 하지만 위대함을 누렸을 뿐 이어가지를 못했으며, 아랍-무슬림과 마찬가지로 '문명 전달자'로서의 역할에 머물러야 했다. 결국 이탈리아 반도는 유럽정치권력의 지정학적인 변화에 편승하지 못했고 수많은 외세의 간섭과 침략으로 오랜 '정체의 시대'를 맞이했다.

이탈리아의 통일(1861)은 이탈리아인에 의한 반도의 지배를 상징하는 최초의 역사적 사건이었다. 그러나 중북부의 자치적인 경험과, 남부의 시간을 관통했던 오랜 전제주의적인 지배는 하나의 국가가 된 이후에도 여전히 봉합되지 못한 채 정신-문화적인 괴리와 더불어 곪은 속살을 드러내고 있었다.

이처럼 이탈리아에 있어 로마제국 이후의 시대가 주변세력들과의 불순한 이체음양(異體陰陽)의 여정이었다면, 19세기 중반 이후에는 내부적으로도 '남북문제'라는 또 다른 이체음양의 잔재와 더불어, 시칠리아의 경우 동체음양(同體陰陽)의 대칭적 문화정체성이 형성됐다.

르네상스, 세계 다문화 문명의 꽃피움

이탈리아는 르네상스의 산실이다. 오늘날 르네상스에 대한 보편적인 견해는 그리스-로마 고전의 재흥이다. 하지만 넓은 의미에서는 북유럽과 아시아 그리고 북아프리카의 다문화 접변에 의한 '문명의 꽃피움'이라고 하는 것이 보다 타당할 것이다.

지리적으로 '마레 노스트룸(Mare nostrum, 고대 로마의 지중해)'의 중심에 위치한 이탈리아에는 영국과 북유럽에서 이베리아 반도의 북동부에 위치한 파티마로 그리고 로마를 거쳐 예루살렘 성지로 이어지는 중세 시대의 '성지순례의 길(Via Francigena)'이 관통하고 있었다. 한때는 '로마 길(Via romana)'로 그리고 게르만이 남하하던 시기에는 '랑고바르디 족의 길'로도 불렸던 이 통로는 사람과 물품을 통해 다양한 삶의 방식들이 교류했던 고대의 길이기도 했다.

또한 이탈리아 반도는 지중해 동부지역과 터키 그리고 인도를 지나 말라카(Malacca)의 몬순 바람을 타고 극동아시아에 도달하는 머나먼 남방 해양 실크로드의 서쪽 끝자락에 위치했다. 해양 문명 간 교류의 여정에서 만나는 수많은 항구들은 주변의 지역들에서 모여든 지역토산물들을 선적하거나 하역하는 일상의 움직임으로 부산했을 것이다. 이러한 통로들은 인류의 문명을 대표하는 이집트, 메소포타미아, 인도 그리고 중국의 거대문명권을 바닷길로 이어준다. 이탈리아, 특히 북동부에 위치한 베네치아는 마르코 폴로(Marco Polo)에서 알 수 있듯이, 흑해와 카스피 해를 지나 중국에 도착하는 유라시아 실크로드의 시작이자 종착역이다. 물론 남방과 북방의 두 실크로드는 부카라(Bukhara), 타실라(Taxila) 바르바리콘(Barbarikon) 또는 마투라(Mathura)와 같은 중간기착지들을 통해 서로 연결돼 있었다.

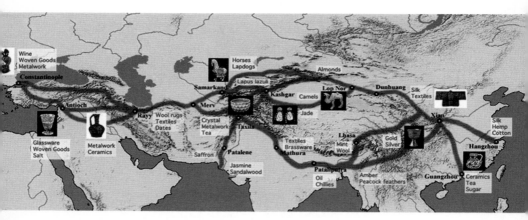

콘스탄티노플과 중국을 이어주는 고대 북방실크로드와 지역 토산품

이처럼 이탈리아 반도는 세계의 모든 문명권들과, 때로는 사람들로 때로는 이들이 생산한 수많은 물품들의 교역활동으로 서로 연결돼 있었다. 그리고 14~16세기에 지중해는 세계 다문화 문명의 길을 통해 전승된 문화와 과학(기술)의 결실들이 집산된 거대한 다문화 문명의 항구로 거듭났다.

새로운 미래 문명의 출발점

르네상스 문명의 꽃피움은 유럽만의 힘으로 된 것도, 유럽만을 위한 것도 아니었다. 과거 지중해에 불던 문명의 바람은 동남풍이었다. 지중해의 끝자락에 도달해 유럽의 북서부 지역으로 향했던 물질문명의 바람이 그것이었다. 하지만 자연은 1년 내내 같은 방향으로만 바람을 불게 하지 않는다. 음양의 순환은 1년을 한 주기로 바람의 방향을 바꿔놓는다.

역사 또한 어느 한편의 노력만으로는 역역(繹繹)되는 무늬가 아니다. 자연의 이치를 벗어나서는 아무런 상식도 기대할 수 없다. 한편의 영향력이 지배적인 것처럼 보일 때에도 그 순간은 영원하지 않으며, 시간에 흐르지 못한 채 그 속에 닫혀 있는 우리의 생각만이 그렇게 믿을 뿐이다.

지중해가 품었던 이탈리아는 앞으로 다가올 세계 문명 간 상통과 접변의 새로운 그 무언가를 위한 단초가 될 수 있다. 왜냐하면 이탈리아에 침잠된 대칭적 정체성은 과거 서방을 향했던 문명 패러다임의 관문이었던 만큼, 다가올 미래에 있어서는 동방을 향한 문명 귀환(또는 신문명 패러다임)의 명분일 것이기 때문이다.

옛것이라 해서 모두 같은 계절에 속한 것은 아니다. 같은 것으로 보일 뿐, 본질적으로는 서로의 시기를 달리하면서 새로운 원형이형(元亨利貞)의 여정을 추구한다. 대부분의 사람들은 과거의 물품들에 집착한 채 옛것을 기억 속에만 쌓아두려 한다. 우리의 행위가 거기까지일 때, 과거 그 자체도 지난 시대에 대한 향수에 머문다. 새로운 자원으로서의 가치는 미래의 달라진 환경을 위해 어떻게 변화를 거듭

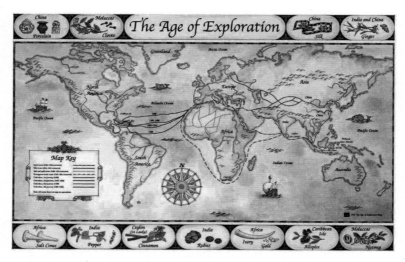

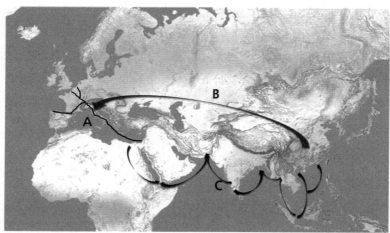

고중세 시대의 북방 및 남방 실크로드와 문명 간 교류의 흐름, 15~16세기 서유럽 팽창기의 교역로(위). 아래 그림은 영국과 북유럽에서 스페인과 이탈리아(로마)를 관통해 예루살렘으로 가는 성지의 길(A)과 유라시아 대륙을 횡단하는 북방 실크로드의 여정(B) 그리고 아프리카를 포함하는 남방 실크로드의 여정(C)은 이탈리아 반도에서 만난다.

할 것인가에 대한 고민에서 만들어진다.

서구문명의 이성은 사회 속 구성원들 간의 균형관계를 주목했을 뿐, 인간과 자연의 보편상식적인 관계는 외면했다. 이러한 이유로 서구의 역사에서 자연은 항상 극복과 정복의 대상이었으며 이에 앞장선 사람은 목적 달성의 여부에 관계없이 위대한 영웅이었다. 인간과 자연은 상극(相剋), 즉 이겨야 할 상대가 아니라 극즉통(極卽通), 함께 어울려야 할 대상일진대 말이다.

중세 이탈리아 중북부 자치도시들의 특성

중세 서유럽의 역사에 있어 자치도시의 역사는 11세기경 이탈리아 반도의 중북부 지역에서 시작됐다. 이후 12~14세기에는 독일의 중남부와 플랑드르 지역에서도 중소규모의 도시들을 중심으로 자치적인 삶의 형태가 등장했다. 자치적인 삶의 형태는 시기와 지역에 따라 차이가 있었다. 이탈리아의 자치도시들은 특히 프랑스, 영국 그리고 이베리아 반도의 자치도시들과 그 발전과정에 있어 많은 다양성을 보여준다.

자치도시 문명의 요람인 이탈리아의 경우 자치도시의 현상은 이미 13세기 말, 14세기 전반에 접어들면서 정치적인 균형의 변화를 통해 쇠락하기 시작했는데, 새로운 사회계층의 등장과 새로운 통치방식들의 실험—도시 시뇨리아(Signoria)—이 그 주된 원인이었다. 하지만 보다 근본적인 이유는 11세기 이후 인구증가와 농업생산량의 증가였다. 봉건제도의 영향이 비교적 적었던 이탈리아 반도에서 도시를 중심으로 등장한 공증인, 판사, 의사, 소규모 수공업자들 그리고 상인들과 관련된다. 이들은 새로운 시대의 새로운 인물들인 부르주아 계층을 형성했는데, 봉건세력의 영향력에서 벗어나는 데 성공하면서 중세의 사회적 변화를 이끌기도 했다.

반도의 중북부에 위치한 자치도시들은 이탈리아의 역사에 있어 가장 이상적인 시대의 상징이었다. 반면 같은 시기에 이탈리아 남부는 이미 고대부터 그리스, 페니키아, 카르타고, 로마제국의 지배를 받았다. 중세에는 게르만, 아랍, 노르만, 프랑스의 지배를, 그리고 근대 이후에는 아라곤, 스페인, 오스트리아 그리고 통일된 이후에는 사보이아 왕가의 지배하에 놓여 있었다. 5천 년을 이어온 피지배의 역사, 비록 성공하지는 못했지만 결코 멈추지 않았던 저항정신. 유럽역사의 일부로 간주하기에는 반도의 중북부와 알프스 이북의 역사적 전개와 대칭적 역사의 흐름은 자신의 특성을 고스란히 유지한 독자성이 너무나 뚜렷했다.

이탈리아 남부 풀리아 주의 안드리아에 위치한 카스텔 델 몬테(Castel del Monte). 1240년 경 황제 프리드리히 2세(Frederick II)가 건설했다.

라틴어 문장은 왜
대문자로 시작하지 않는 걸까?

Lingua Latina, Lingua Universalis

❦

고전 그리스어와 고전 라틴어는 문법구조와 어휘에 있어서 상당히 많은 공통점을 가지고 있음에도 불구하고 학생들은 적어도 첫 수업에서만큼은 라틴어가 그리스어보다 쉽다고 느낀다. 이유는 간단하다. 그리스어가 고유의 그리스어 문자를 사용하는 반면 라틴어를 기록하는 문자는 우리에게 너무나 익숙한 영어 알파벳과 같기 때문이다. 새로운 언어를 배우기 위해 새로운 형태의 문자를 익혀야 하는 어려움은 라틴어에는 해당되지 않는다. 그렇다고 해서 라틴어가 영어 알파벳을 사용한다는 말은 아니다. 영어가 라틴어 알파벳에 기초한 문자 체계를 사용하고 있는 것이다. 그런데 라틴어 교재를 훑어본 학생들은 곧 질문한다. 라틴어 텍스트의 문장들이 왜 대문자로 시작하지 않느냐고. 영어에 익숙한 학생들로서는 아주 당연한, 그리고 문자의 역사에 있어서 아주 중요한 질문이다.

나는 학생들의 질문을 바꾸어본다. 왜 영어는 문장의 첫 글자를 대문자로 시작하는 것일까. 세계에서 가장 널리 쓰이는 4대 문자(라틴어 알파벳, 한자, 데바나가리, 아랍 문자) 가운데 대문자와 소문자를 구분하는 문자는 라틴어 알파벳이 유일하다. 한글에도 대문자와 소문자의 구별은 없다. 글자 크기의 크고 작음은 있어도 다른 글자형태를 사용하는 대문자와 소문자의 이중 체계는 없다. 그렇다면 영어처럼 라틴어 알파벳을 사용하는 문자 체계에는 왜 대문자와 소문자가 따로 있는 것일까. 그리고 또 왜 영어는 문장을 대문자로 시작하지만 고전 라틴어 텍스트는 그렇지 않는 것일까. 이 질문은 라틴어 알파벳의 발전과 라틴어 텍스트 레이아웃의 변천사와 밀접한 관련을 맺고 있다.

라틴어 알파벳이 사용된 최초의 기록은 기원전 7세기의 것으로 추정되는 금석문으로, 초기 라틴어 알파벳은 고대 그리스어 알파벳과 상당히 비슷한 형태를 보인다. 그러나 시간이 흐름에 따라 라틴어 알파벳은 점차 변모해 고전 라틴어 시기(기원전 1세기~기원후 1세기)에 이르면, 오늘날 영어를 비롯한 대다수의 유럽어가 사용하는 문자의 형태를 갖게 된다. 고전 라틴어 알파벳은 대문자 ABCDEFGHIKLMNOPQRSTVXYZ와 소문자 abcdefghiklmnopqrstuxyz로 구성된다. U는 기원상 대문자 V의 소문자형으로 발생한 것으로 V와 U는 하나의 문자로 여겨졌고 두 형태 모두 자음(/w/, 고대 후기에는 /v/)과 모음(/u/)의 음가를 나타냈다. 그러나 중세 라틴어 필사본에서는 대문자 V와 소문자 u의 구분이 사라지고 U와 V 각각의 대문자와 소문자가 혼용됐다. V를 자음을 나타내는 문자로, U를 모음을 나타내는 문자로 구별해 사용하는 것은 라틴어가 아닌 다른 언어를 기록하면서 일어난 현상이고, J와 W는 중세에 만들어진 문자로 고전 라틴어 알파벳 체계에 속하지는 않는다.

라틴어는 기원전 800년경부터 이탈리아 반도 중서부 라티움 지역에서 사용된 것으로 추정된다. 로마가 세력을 확장하면서 이탈리아 최초의 공용어가 됐고, 그 후 로마제국 팽창 및 기독교의 전파와 더불어 중세 유럽의 '국제 통용어'가 됐다.

라틴어는 기원전 800년경부터 이탈리아 반도 중서부의 라티움(Latium) 지역(현재의 Lazio)에서 사용된 것으로 추정되는데, 로마가 주변 부족들을 정복하고 세력을 넓혀 가게 되면서 이탈리아 최초의 공용어가 됐고, 그 후에는 로마제국의 팽창 및 기독교의 전파와 더불어 중세 유럽의 링구아프랑카(lingua franca, 국제 통용어)로 사용됐다. 라틴어 사용의 확산은 라틴어 알파벳의 보급을 의미하기도 했다. 라틴어에서 발달한 로망스어 계열의 언어들이 라틴어 알파벳을 사용한 것은 당연한 일일 수도 있겠지만, 게르만어족에 속하는 영어와 켈트어족에 속하는 아일랜드어 사용자들이 각기 기존에 사용하던 룬(rune) 문자와 오감(Ogham) 문자를 버리고 라틴어 알파벳으로 자신의 언어를 기록하기 시작한 것은 라틴어와 라틴어 문자가 중세에 누렸던 권위를 여실히 보여주는 예다. 영어 기록에 라틴어 문자를 사용하는 대목으로부터 우리가 학교에서 영어 시간에 라틴어 문자를 배우게 된 사연이 비롯되는 셈이다. 그리고 우리가 영어의 표기법으로 배우는 수많은 규정들의 역사적인 연원이 라틴어 문자기록의 역사를 통해 설명돼야 하는 이유도 여기에서 비롯된다.

비록 라틴어 알파벳 자체가 로마 문명의 산물이기는 해도 다양한 형태의 라틴어 문자체와 현대인들에게 익숙한 텍스트 편집과 정렬방식은 고대부터 르네상스 시기에 이르기까지 아주 긴 시간 동안 다양한 요인에 의해 발전해온 것이다. 소문자의 발전이 그러하고 띄어쓰기와 문장부호, 문자체 간의 위계질서가 그러하다. 여타 다른 문자와 마찬가지로 라틴어 문자도 처음에는 돌이나 나무같이 딱딱한 재질에 기록됐고, 이런 재료들의 딱딱한 표면에 새기기 쉬운 직선을 많이 사용하는 대문자형이 먼저 발달했다. 이후, 보다 부드러운 재질인 파피루스나 양피지가 기록 재료로 사용되면서 각 문자의 획수를 줄여서 빨리 쓸 수 있는 필기체로서의 소문자가 발전했다.

대문자체가 소문자체로 만들어지면서 몇몇의 경우에는 형태의 변화가 크게 일어났는데 대표적인 예가 A이다. 세 개의 획으로 완성되는 대문자 A에 비해 소문자 a의 초기 형태는 두 개의 직선으로 이뤄진 λ였다. 이 형태는 기원후 2세기에 왼쪽 직선이 곡선으로 변하면서 ɑ의 모습을 띠게 된다. 4세기경부터는 왼쪽 고리의 윗부분이 열리면서 u와 같은 형태가 ɑ와 혼용돼 사용되기 시작했다. 시간이 흐르면서 u 형태는 열려 있는 고리가 닫히면서 α로 발전했고, ɑ는 a로 발전했다. 그리하여 대문자 A와는 다른 두 개의 소문자 α와 a를 현재 우리가 사용하게 된 것이다.

소문자 s의 사용 역시 재미 있는 역사를 가지고 있다. 대문자 S는 세 개의 획(왼쪽 위에서 오른쪽 아래로 내려오는 사선 곡선, 상단부의 커브, 하단부의 커브)으로 완성되는데 이 형태에서 발전한 원래의 소문자는 이것을 두 획으로 줄인, 하단부의 커브를 없앤 형태인 r 이다(소문자 r과 형태가 비슷하지만 r은 r 보다 세로획이 짧고 상단부의 가로획의 끝이 물결치는 모양으로 끝나는 차이가 있다). 대문자 형태를 크기만 줄인 s가 고대 말부터 문체에 따라 사용되기는 했으나 중세에 널리 사용됐던 소문자는 일명 '긴 에스(long s)'라 불리는 r 이었다. 그러나 13세기 이후 고딕체에서 s형 소문자가 처음에는 문자기록의 줄(writing line)에서 맨 끝에만 사용되다가 점차적으로 줄의 안쪽에서도 사용됐고, 결국 중세 말에는 r 를 전적으로 대체하게 됐다.

고대의 라틴어 텍스트들은 단어 사이의 간격이 없이 모든 문자를 붙여서 쓰는 스크립토 콘티누아(scriptio continua, 연속 기록) 방식으로 기록됐다. 문장의 시작을 알리는 대문자도, 문장의 끝을 나타내는 마침표도 없었다. 대문자와 소문자를 섞어 사용하지도 않아서 텍스트 전체가 다 대문자로 쓰이든지 아니면 다 소문자로 쓰이든지 둘 중 하나를 택해야 했다. 베르길리우스의 서사시처럼 중요한 작품일수록 대문자를 사용해 텍스트의 권위를 드러냈고 교재와 같은 일상적인 용도로 사용되는 텍스트에는 소문자를 사용했다.

이러한 고대 전통은 무엇보다도 기독교의 언어로 라틴어가 전 유럽에 전파되면서 모국어가 라틴어가 아닌 사람들이 라틴어를 배우면서 무너지기 시작했다. 스크립트 콘티누아로 쓰인 텍스트는 단어와 단어를, 문장과 문장을 올바르게 분리해 읽을 때에만 정확한 의미를 드러내기 마련이다. 그리하여 중세 초기부터, 특히 구어체 라틴어의 영향이 유럽 남부 지역에 비해 극소했던 아일랜드와 영국을 중심으로 텍스트의 가독성을 높이고 해석을 용이하게 하기 위한 다양한 방법들이 시도됐다. 중요한 단어를 다른 단어보다 크게 쓰는 것, 문장을 대문자로 시작하는 것, 단어 사이의 간격을 띄우는 것 등이 대표적인 예다. 그러나 이러한 혁신이 일순간에 일어난 것은 아니다. 구와 구, 문장과 문장 사이에 간격을 넣는 수준을 넘어 모든 단어를 띄어서 쓰는 관례는 중세 후기에야 보편화됐고, 지역별로, 또 사용하는 서체에 따라 큰 차이를 보인다. 의문문을 나타내는 물음표를 비롯한 문장부호의 형태와 용법 역시 시대별, 지역별로 크고 작은 차이를 보이며 발전했다. "howareyouimfinethankyou"가 "How are you? I'm fine. Thank you!"로 쓰이기까지 무려 천 년에 가까운 시간이 걸린 것이다.

라틴어는 고대에는 로마 제국의 언어로, 중세 이후 근대에 이르기까지는 종교, 정치, 학문의 언어로 유럽에 군림했고, 현대에는 영어를 비롯한 여러 언어에 차용어와 신조어의 원천으로 남아 숨 쉬는 강한 생명력을 가진 언어다. 그런데 현재 유럽에서 사용되는 대다수 언어의 문자로 사용되고 있으며, 더욱이 제2의 링구아프랑카로 자리 잡은 영어의 알파벳으로 변화해 전 세계에서 사용되는 라틴어 알파벳은 라틴어보다도 훨씬 더 강한 생명력과 영향력을 가진 것이 아닐까 싶다.

문자의 위계질서와 텍스트의 시각화

논문을 쓰거나 보고서를 작성할 때 우리는 모두 문자의 위계질서를 사용한다. 예를 들어 제목은 진한 고딕체 16포인트로 하고 본문 내의 소제목은 신명조체 12포인트를 사용하며, 본문에는 10포인트 크기의 바탕체를 사용하는 등의 관례를 따른다. 필요에 따라 본문 텍스트 내에서도 글자를 진하게 하거나 기울이거나 글자에 밑줄을 긋기도 한다. 다양한 종류의 폰트를 적절한 크기로 사용해 문자와 페이지 레이아웃의 시각적 효과를 최대화하는 것이다. 이와 견줄 만한 방식의 텍스트 레이아웃과 문자 시각화의 전통이 동양에도 있었다.

하지만 현재 우리가 사용하는 대부분의 문자기록에 적용되는 텍스트의 시각화는, 한글을 사용한다는 차이점을 제외하고는 서구의 문자기록 전통을 따른 것이다. 한글의 글자를 강조할 때 방점을 사용하기보다는 밑줄을 긋거나 글자를 더 진하고 굵게 만드는 것에 익숙한 사실만 보더라도 그렇다. 우리가 실생활에서 익숙하게 사용하고 있지만, 어떤 연유로 이렇게 텍스트를 시각화하는 방식들이 생겨나게 됐는지를 이해하는 일에는 긴 역사를 훑어보는 안목이 필요하다.

문자의 위계질서를 통한 텍스트의 시각화는 고 · 중세 라틴어 필사본에서도 이미 적극적으로 시도되던 일이었다. 텍스트의 제목은 장엄한 대문자체(Capitalis)로, 텍스트의 도입부 첫 번째 줄은 '언셜(Unciales)'이라 불리는 문체로, 뒤이은 본문은 소문자체로 쓰는 것이 일반적으로 나타나는 양상이다(언셜은 4세기에 형성된 대문자체의 일종으로 직선 대신 부드러운 곡선을 많이 사용하는 것이 특징이다).

라틴어 필사본은 문자의 위계질서
와 텍스트의 시각화를 명료하게 보
여주는 사례다.

개별 문자에 대한 강조 또한 다양한 방식으로 이뤄졌는데 제일 보편적인
것은 머리글자(initial letter) 장식이다. 장식되는 머리글자의 크기와 장식에
사용되는 색상 및 패턴은 텍스트의 성격에 따라 달라진다. 성경에 사용되는
머리글자 장식이 정교함과 화려함에 있어서 제일 높은 수준을 보여주는 것
은 두말할 나위 없다.

일반 텍스트의 경우 강조하고 싶은 단어의 첫 글자나 문장의 첫 글자에
채색을 하곤 했는데, 사용되는 잉크의 색은 지역에 따라 다르기는 하지만 주
로 붉은색과 파란색, 또는 붉은색과 녹색을 교대로 사용한다. 따로 채색을
하지 않고 텍스트용 잉크로 글자의 빈칸(D, O, Q 등)을 채우는 경우도 적지
않다. 이외에도 중요한 문장이나 문단 전체에 다른 색깔의 잉크를 사용하거
나 프레임을 씌우는 등 우리에게 익숙한 방법들도 흔히 사용됐다.

현대에는 다양한 워드프로세서 프로그램들을 활용해 누구나 손쉽게 컴
퓨터에서 글을 쓰고, 또 이 과정에서 필요한 글자들에 대한 시각 효과를 사

용하기도 한다. 이 배후에는 폰트디자인 작업을 수행하는 전문가들의 노력이 자리 잡고 있으며, 그 전문가들은 우리가 문자의 시각화된 형태를 대하는 태도와 반응에 대한 축적된 지식을 가지고 있기도 하다. 하지만 역사적으로 우리가 특정한 문자 그리고 그 문자의 시각화된 형태를 대할 때 갖게 되는 태도는 사회적이고 문화적인 다양한 맥락에 의해 규정돼온 것이다. 한자(漢字)의 서체들마다 갖고 있는 맥락과 시각적 효과가 다르듯, 우리에게 익숙한 라틴어 문자들도 이러한 문자의 사회사와 문화사를 갖고 있다. 라틴어 문자 기록 방식이 현재 한글의 기록 방식에까지 깊게 개입돼 있는 우리의 일상을 볼 때, 한국의 연구자들도 라틴어 문자의 역사에 한 번쯤 관심을 가져볼 만하다고 생각한다.

르네상스 예술과 사회

이탈리아의 정치·문화, 메디치 가(家)의 손바닥 위에 놓이다

13세기 이후 봉건 유제(遺制)의 잔존과 상업도시로의 발전이라는 중층적 사회질서 속에서, 피렌체는 '혁신'과 '변화'를 주도하는 권력의 주체와 밀접한 관계에 놓인다. 여기서 당대의 권력이라 함은 고위성직자, 인문학자 그리고 무엇보다도 대상인(大商人)을 말한다. 신흥상인계급은 동서무역을 통해 막강한 부를 소유한 계층으로, 그 규모만큼이나 '내용' 면에서도 수준을 갖추게 되면서 도시국가 경제의 주체로 성장해 정부를 통제하기에 이른다. 그리고 그들의 정체성을 사회적 혁신으로 만들었던 '내용'이란 바로 '예술'이다. 따라서 상인 계층에 의해 주도됐던 '상업혁명'은 '예술혁명'과 맥을 같이한다고 볼 수 있다.

대체로 미술사는 지배층의 것으로, 철저하게 권력자의 편에 서서 서민들을 계도하는 도구로 사용됐다. 민중은 작품을 감상하는 소비자가 아니기에 미술과 그들 사이의 괴리현상은 존재할 수밖에 없다. 이는 예술 탄생의 배후에 지배 권력의 권익이나 목적을 위한 체제 유지 수단이 자리하고 있음을 보여준다. 중세경제사학자 로버트 로페즈는 자본을 축적한 신흥 상인세력이 미술 소비를 주도함으로써 자

신들의 존재를 시각적으로 과시하고, 나아가 정치적 입지를 굳히는 수단으로 사용했다고 분석한다. 즉, 당시 상인은 작품의 소비자이자 감상자로서, 이미지의 양적 생산을 조절하는 주체가 된다.

더욱이 흑사병이 휩쓸고 간 뒤 자리 잡은 죽음에 대한 두려움은 인간으로 하여금 현세가 아닌 사후 세계를 갈구하게 한다. 교황을 비롯한 고위 성직자들은 이 기회를 놓치지 않고, 인간의 태생적 두려움을 감추는 기술로 자본과 예술을 이용한다. 성당과 수도원이 사후 상인들의 면죄부적인 구원 장소로 제공되면서, 그들이 누리는 특권에 의무를 동반하게 만든다. 즉, 예배당 건축과 장식의 후원을 통해 이미지의 생산을 요구한 것이다.

피렌체의 예술과 권력을 논하는 데 있어 메디치 가문에 대한 언급은 필수적이다. 14세기 조반니(Giovanni di Bicci, 1360~1429)를 시작으로 그의 아들 코시모(Cosimo, 1389~1464), 증손자 로렌초(Lorenzo 또는 Il Magnifico, 1449~1492)에 이르기까지 메디치 가문은 금융업을 통해 부를 축적한다. 재계의 약진은 정계의 약진으로 이어진다. 피렌체 공화국 막후에서 정치권력을 장악했던 시민출신의 메디치 가는 시민 공동체 중시 가치관을 바탕으로 지배력을 정당화하고 권력 체계를 완성해가면서, 도시의 정치, 문예 활동을 지휘한다. 당대 흐름에 따라 성당과 수도회를 적극적으로 후원했던 메디치 가문은, 시간이 지남에 따라 부와 권력을 앞세워 자신들의 세속적 욕망을 보다 적극적으로 표현하기 시작한다. 그들의 세속적 욕망은 상상력과 창의성을 만들어내고, 그들의 부를 바탕으로 생산된 이미지는 성직자와 인문학자들의 지식과 융합되면서 르네상스라는 '새로운 문화'를 피렌체에 꽃피운다. 자신들의 성공을 시각적으로 확인하려는 메디치 가문의 욕망은, 이미지 생산과 수요의 조절 능력이 정치 세력 간의 견제와 얼마나 밀접하게 연관돼 있는지 보여준다.

바로 베노초 고촐리(Benozzo di Lese, 1420~1497)의 '동방박사의 행렬'(1459)이 대표적 예라 할 수 있다. 흑사병이 유럽을 관통한 뒤 권위적인 신은 관용과 위로를 주는 존재로 변모할 수밖에 없다. 이런 사회적 분위기는 평신도들이 주축이 돼 행해졌던 당대 피렌체의 대표 시민 축제 '동방박사의 경배'가 방증한다. 조용히 메디치 정권을 반석 위에 올려놓던 코시모는 하층 민중의 지지를 확보하기 위해 이 축제를 배후에서 후원한다. 종교적 지지를 바탕으로 피렌체를 예수 탄생이 재현되는 곳으로 신격화시켰고, 그 중심에 메디치 가문이 자연스레 자리를 잡았다.

메디치 왕조를 만들어가면서도 시민들의 반발을 사지 않으려는 가문의 탁월한 능력은, 소박한 외관 안에 화려하게 장식된 그들의 도심형 주택을 통해서도 볼 수 있다. 메디치 가문의 심장부라 불리는 '팔라초 메디치(Palazzo Medici Riccardi, 건축 기간 1444~1484)'가 그것으로, 바로 본 예배당 벽에 고촐리의 작품이 장식돼 있다. 원래 성당이나 수도원 내부를 장식하는 작품의 주제는 성직자들의 종교지식에 좌우됐으나, 이후 부호들의 비호와 후원을 받던 인문학자들이 주제 선정에 적극적으로 참여하게 된다. 고촐리의 그림에서는 메디치 가문이 당대 사회를 배경으로 이미지의 사적 허용을 얼마나 능통하게 누리고 있는지 알 수 있다.

오랫동안 교회 내부 문제의 핵이었던 동서교회 분열을 해결하고자 공의회가 열렸는데, 코시모의 외교적 노력으로 그 장소가 피렌체로 정해진다. 피렌체 공의회에 동로마제국 대주교인 요하네스 베사리안(Joseph II 재임, 1416~1439)과 동로마제국 황제 요하네스 8세 (Johannes VIII, 1339~1448)가 참석하면서 가톨릭교회 대통합을 향한 우호적인 시도가 이뤄진다. 이런 배경을 토대로 그려진 고촐리의 '동방박사의 행렬'은 예수의 탄생과 메디치 가문의 탄생을 연결 짓는다. 작품의 배경은 베들레헴이 아니라 피렌체다. 작품 속에는 동로마제국 대주교(오른쪽 그림 좌측에 하얀 노새 탄 인물)와 황제(가운데 그림 중앙 인물), 그리고 고대영웅을 연상시키는 월계관을 쓰고 행렬을 이끄는 젊은 인물(왼쪽 그림)이 각각 동방박사로 등장한다. 이 젊은이는 당시 차기 후계자로 지목된 로렌초 메디치로서, 가문의 신성화와 세습화를 향한 코시모의 욕망을 들여다볼 수 있다.

베노초 고촐리의 '동방박사의 행렬'

'동방박사의 행렬'이 완성된 20여 년 후 보티첼리(Sandro Botticelli, 1475~1476)는 고촐리의 작품을 마무리하는 '동방박사의 경배'(1475)를 그린다. 보티첼리 역시 동일한 성서의 내러티브를 이용해 메디치 가문의 지위를 확인시킨다. 이 작품에서 아기예수를 경배하며 봉헌

하는 인물로 코지모의 얼굴을 그려 넣었다. 이 작품은 라마 가문의 가스파레(Gaspare di Zanobi della Lama)라는 인물이 메디치 가문을 위해 주문한 그림이다. 당시 금융을 장악했던 메디치 가문은 누진세를 적용함으로써 세제 개혁을 이뤄 하층민의 전폭적인 지원을 받았는데, 명문귀족 가문이나 대규모 상공업자들의 세액은 전적으로 메디치 가문의 의사에 따라 움직였다. 보티첼리(그림 우측 하단에서 관객을 응시하고 있는 인물)에게 의뢰해 가스파레 본인의 얼굴(그림 우측 상단에서 관객을 응시하고 있는 인물)을 작품에 삽입시킨 점은, 가스파레 자신의 경제적·정치적 이권을 확보하고자 메디치 가문과 연계되기를 갈망하는 세속적 욕망을 드러내면서 이를 위해 얼마나 전폭적인 충성과 아부가 이뤄졌는지를 잘 보여준다.

산드로 보티첼리(Sandro Botticelli, 1445~1510)의 '동방박사의 경배'(1475, 피렌체 우피치 박물관 소장) (그림출처 : 위키피디아)

　　메디치 가문은 자신들의 사회적 정체성을 공고히 하기 위해 시각적 이미지를 생산하면서 부(富)를 소비한다. 바로 당시 '상업 혁명'의 주체가 미술 '혁명'의 그것과 일치함을 보여주는 것으로, 당대와 지배 권력, 그리고 예술의 메커니즘을 보여주는 단면이라 할 수 있다.

르네상스 이탈리아 국가형태의 형성 과정

10세기 라인지방부터 이탈리아에 이르기까지 유럽에서는 일명 '중세 상업 혁명'의 주체인 '도시'가 성장한다. 말 그대로 유럽의 중세 도시는 자본을 축적한 상공업자에 의해 발생한 것으로, 영주나 교권의 영향력으로부터 자유를 행사하는 시민공동체다. 11세기 이르러 중북부 이탈리아 도시 역시 코무네(Comune, 주민 공동체)라는 명칭으로 자치적 정치 형태를 갖추었고, 주교, 봉건 영주, 귀족, 상인 등 다양한 사회 계층의 유기적인 타협을 통해 정부 운용이 이뤄졌다. 상업을 통해 부를 축적

15세기 이탈리아 반도 국가 형태
(그림출처 : 위키피디아)

하게 된 신흥 부르주아가 지배세력으로 등장하자, 이들 권력의 편중과 독점을 막기 위해 다른 계층 집단들도 조합(Arte)을 만들며 정치 균형에 참여한다. 그러나 의결권을 갖지 못하는 소규모 조합들의 불만이 커지면서 도시 내부의 당파적 논쟁이 발생하고, 도시들 간에도 알력관계가 조성된다. 14세기

초입 전후에 이탈리아에 산재해 있는 자치 도시들의 위기감이 고조되면서, 각 도시는 전권을 소유하는 대신 강력한 보호막이 돼줄 '통치자(Signore)'의 필요성을 받아들인다. 이들을 중심으로 구성되는 정부체제를 시뇨리아(Signoria) 체제라 칭한다.

이후 각 도시를 대표하던 '통치자'들은, 황제나 교황으로부터 공후(公侯) 칭호를 서임받거나 시민들의 지지를 얻으며 세력을 공고히 한다. 이에 따라 14세기 말부터 시뇨리아 체제는, 종신적 지배를 통해 권력을 세습화하고 시민의 영도자 역할을 하는 프린치파토(Principato, 군주제)의 형태로 변모한다.

북부 이탈리아의 자치 도시들의 경우, 강한 권력 기반을 가지고 있는 영주나 용병 출신이 지배자로 떠오르며 시뇨리아에서 프린치파토로 이행한다. 상공업 등의 직능조합 공동체로 조직됐던 피렌체의 경우, 조합 구성원 중 한 명이 순차적으로 시 '대표' 역할을 수행한다. 피렌체는 이탈리아 어느 도시보다 민주적인 정부형태를 갖춘 듯 보이지만, 도시의 표면상 공화정부는 뒷전에 숨어 있던 지배자, 즉 메디치 가문의 통제하에 실질적으로 군주제 아래 놓이게 된다.

베네치아의 경우 해상 공화국의 원수라 할 수 있는 도제(Doge)의 선출권이 시민에서 귀족층으로 구성된 대의회로 이행되면서, 실질적으로 강력한 과두 공화체제가 자리 잡는다.

이렇게 탄생한 프린치파토는 밀라노 공국, 베네치아 공화국, 피렌체 공화국, 교황령 국가, 나폴리 왕국의 5대 도시를 비롯해 사보이 공국, 페라라 공국, 제노바 공화국, 루카 공화국, 시에나 공화국 등 르네상스 이탈리아의 특징적인 국가형태로 발전한다.

3

끝없이 푸르른 바다의
남부 지중해

'지중해의 배꼽' 몰타

'위대한 바다'가 빚어낸 문명의 교차로

✤

지중해 한가운데의 섬, 몰타. 그리고 이 조그만 섬나라를 지중해의 배꼽삼아 둘러싸고 있는 땅은 유럽, 아시아, 북아프리카 대륙이다. 지중해 최고(最古)의 석조 신전이 7천여 년 전 세워졌던 몰타는 가장 오래된 나라 중 하나다. 하지만 유구한 역사 속에서도 오롯이 자신들만의 영토였던 적이 한 번도 없었다. 오히려 유럽과 아프리카를 잇는 관문에 위치한 천혜의 전략적 요새이기에 기독교와 이슬람 세력이 앞다퉈 수호하고자 차례로 딛고 지나갔던 곳이다. 말하자면 지중해의 '위대한 바다'에서 일어난 문명 교차로에서 이질적 주체들이 힘의 균형을 겨루는 경합의 시공간이 바로 몰타였던 것이다. 이렇게 작은 나라를 둘러싸고 지중해는 누가 이곳을 차지하느냐를 두고 오래도록 정복과 전쟁의 장을 펼쳐왔다.

기독교와 이슬람 세력의 각축장

수도인 발레타는 1565년 몰타기사단에 의해 건설된 유럽 최초의 계획도시이면서 원래 전쟁을 목적으로 만들어진 도시다. 풍류와 멋을 즐기는 이탈리아 기사단이 고향을 그리워해서 도시 꼭대기에 자신들의 사유정원인 어퍼바라카 가든을 지어놓고는 이곳에서 바라본 풍경을 이탈리아 남부와 비슷하게 지었다고 한다. 몰타기사단은 약 270년간 몰타 섬에 주둔하면서 오토만 제국의 무슬림들로부터 유럽의 주권과 기독교의 가치를 수호하는 요새의 주인 노릇을 자처했다.

하지만 십자군 전쟁 당시 중세의 모습을 그대로 간직한 어퍼바라카 가든에서 내려다보이는 지중해를 보는 감회는 그날따라 필자에게 조금 남다를 수밖에 없었다. 이 바다는 마치 호수와도 같아서 흐르는 물길을 따라 동남쪽으로 조금만 가면 금세 아프리카와 만난다. 게다가 필자는 불과 어제만 하더라도 저 작열하는 태양 아래 변함없는 지중해의 망망대해를 저쪽 건너편의 북아프리카의 튀니지에서 바라보고 있었던 것이다. 막 2월에 접어든 매서운 겨울에 필자와 일행은 몰타대학교와 지중해지역원이 공동으로 개최하는 학술대회에 참여하기 위해 직항이 없는 몰타에 가기 위해서 튀니지를 경유해 발레타에 도착해야 했다.

일정을 조절했다기보다는 항공권을 고려한 선택이었겠지만 튀니지의 수도 튀니스는 몰타를 보기 위해 거쳐야 할 곳으로 한 곳만 들라고 한다면 반드시 언급해야 할 곳이다. 이를 증명이라도 하듯, 튀니스에 도착하는 비행기 안에서 이미 바다와의 경계에서 땅이 오르락내리락하는 것을 목격하게 된다. 튀니스의 북쪽 끝이면서 지중해를 바라보고 서 있는 카르타고 만에 면해 있는 고대 카르타고 유적지에서 몰타 쪽을 향해 시선을 돌린다. 하늘과 바다를 구분하는 행복에 취하노라면 이토록 파란 세상에 들어와 있음이 믿기지 않을 정도이다. 실제로 고대 카르타고인들은 기원전 4세기에 몰타와 시칠리

센글리의 망루에서 바라보는 발레타 항구와 지중해 전경(사진 출처 : 몰타 관광청)

아 서편에까지 지배권을 갖고 있었다. 그 이전엔 페니키아인들이 몰타를 지배했다. 몰타의 고대에 번성했던 아랍 문명, 그리고 이를 딛고 뻗어 나간 서양 문명 간의 교차와 뒤섞임으로 이어져온 지중해 섬나라에서만 가능한 문화의 중첩현상이 이 섬나라를 온전히 이해하는 데 매우 중요하다는 말이다.

몰타는 1964년 독립에 이르기까지 한 번도 독립국이었던 적이 없었다. 최근까지도 영국의 식민지였다. 영어가 몰타어와 더불어 공용언어라는 사실은 이색적 어학연수지로 각광받기 시작한 몰타가 이미 관광지로서 쌓아온 매력적인 이미지에 더 큰 수익성을 얹어줄 것이다. 약 160년간 영국령이었던 식민 지배의 시기 이전에는 나폴레옹이 이끄는 프랑스가 점령했었고, 그 전엔 이탈리아 기사단이 중심이 된 몰타기사단이 주둔해 있었다. 특히 몰타의 언어인 몰타어에 가장 영향을 많이 줬던 시기는 바로 아랍의 지배기였다. 아랍 시대 이전의 언어들은 몰타에 끼친 영향이 비교적 미미했다. 흔히 아랍이 몰타를 정치적으로 지배한 시기(870~1090)보다 언어적으로 지배한 시기(870~1224)가 더 길었다는 얘기를 한다. 1224년 비로소 모든 아랍인들이 몰타 섬에서 추방됐을 때 이미 아랍어는 몰타인들의 언어에 영원히 지워지지 않을 흔적을 남긴 후였다.

'강남스타일' 울려 퍼진 몰타 카니발

어퍼바라카 가든을 지나서 바닷가 쪽으로 다가가면 왼쪽으로는 로어바라카 가든과 영화촬영지로 유명한 성 토마스 요새가 보인다. 다시 오른쪽으로 가면 이번엔 정반대의 풍경이 펼쳐진다. 바로 몰타에서 가장 큰 항구인 발레타 워터프론트다. 몰타는 세계적으로 좋은 조건을 갖춘 천연 항구다. 드물게 육지 가까이에 있는 바다의 깊이가 충분히 깊기 때문에 육지 바로 앞까지 크루즈나 군함 같은 큰 배도 들어올 수 있다. 다시 돌아와 어퍼바라카 가든에서 정면을 바라보면 비토리오사, 센글리, 토스피쿠아로 이뤄진 쓰리시티(three cities)가 보인다. 한편 어퍼바라카 가든 아래에는 대포들이 쭉 늘어서 있는데 매일 정오가 되면 영국포병대 복장을 한 몰타 병사들이 축포를 터뜨린다. 축포를 터트리는 이유로 예전 엘리자베스 여왕이 몰타를 방문했을 때 쏜 축포를 지금도 쏜다는 설과, 예전부터 큰 여객선이 들어오면 환영의 의미로 쐈다는 설 등 두 가지가 있다.

발레타가 중세의 수도였다면 엠디나는 기사단이 들어오기 전까지 4천 년간 몰타의 옛 수도였다. 엠디나는 고대 페니키아인이 요새로 지었고, 아랍 지배기를 거치며 오늘날의 두터운 성벽을 갖게 됐다. 당시 성벽 주위로 외적에 대비해 파 놓은 해자가 아직도 유유히 흐른다.

한편 엠디나의 궁전은 로마시대의 건축물이며 성 바오로 성당은 노르만에 의해 지어졌다. 바로크 양식의 장중한 건물들이 적의 총탄을 피하기 위해 휘어진 좁은 길들 위로 이어진다. 그래서 역설적이게도 몰타는 이방인들의 침략과 지배로 인해 지중해 문명교류사의 중심에 있어 왔다. 엠디나는 그 살아 있는 증명이다.

지중해를 "하나의 문명이 아닌 어떤 문명들 위에 다른 문명들이 중첩된 모습을 지닌 문명들이 있는 곳이다"라고 정의했던 페르낭 브로델의 말과 그 맥을 같이 하는 곳. 몰타에서의 마지막 날에 유서 깊은 몰타 카니발이 열렸다. 가장행렬의 끝없이 이어지는 춤과 노래의 향연 속에 갑자기 싸이의 '강남스타일'이 들려왔다. 중세의 섬 몰타에 울려 퍼지는 싸이의 노래에 맞춰 카니발 행렬은 물론이고 구경객들까지 "오빠 강남스타일!"을 외치며 말춤을 추는 진귀한 현장이 펼쳐진다. 한류가 21세기 지중해의 문명지층에 이런 식으로 다가가는 반전이 있을 줄이야! 그러나 유쾌한 반전이었다.

EU 국민으로의 열쇠, 몰타의 황금 여권

65만 달러를 내고 몰타 여권을 살 수 있다면? 이로 인해 EU 시민이 될 수 있다면? 최근 몰타는 시민법 개정이 화두가 됐다. 몰타의 시민권을 부유한 외국인들에게 돈을 주고 살 수 있도록 열어놓는 방안이 마련되는 중이다. 특히 수상인 조셉 머스캣은 '개인 투자자 프로그램'이라는 조항을 시민법에 넣는 것을 제안한다. 외부의 투자 이민이 정체되기 쉬운 조그만 섬나라인 몰타의 경제 활성화 방안이 될 수 있다는 것이다. 새로운 시민법 아래 몰타 시민이 되고 싶은 4인 가족의 경우 신청자 본인은 65만 달러, 배우자 및 18세 이하의 미성년 자녀는 각 2만 5천 달러씩을 내야 한다. 여기에 55세 이상 부모를 동반할 경우 각 5만 달러가 추가된다.

몰타 항구는 이민자 보트의 종착역이 되고 있다.(사진 출처 : 위키커먼스 photographed by Rosa Larson)

몰타는 서울의 절반 크기의 섬나라다. 이방인의 침입으로부터 자신들의 정체성을 지키는 문제는 역사적으로도 중요했지만, 전 지구화 시대를 맞아 이제는 아프리카에서 끊임없이 밀려드는 이민자들의 문제로 골치를 앓고 있다. 몰타 정부가 지중해 남쪽에서 보트에 실린 채 밀입국하는 불법이민자들을 다루는 방식은 다소 악명이 높다. 이들에 대한 잦은 불법 구류와 감금으로 인해 유럽인권법정에서 벌금형을 선고받기도 했다. 현재 몰타는 유럽연합에 이민자들의 포화상태에 대해 호소를 벌이는 중이기도 하다. 누구를 환대하고 누구를 거부할 것인가의 문제는 몰타의 황금 여권을 둘러싸고 더 첨예해질 것이다.

지중해의 항구, 마르세유

이민자들의 관문(關門) 혹은 언덕의 도시

✤

마르세유는 지중해 해안가에 위치한 프랑스의 항구도시다. 2천 600여 년 전 소아시아의 그리스 도시인 포세아에 출신 선원 프로티스와 선주민인 리구리아 족장의 딸 집티스와의 혼인으로 세워진 고대 도시 마살리아 전설이 회자되는 곳이다.

당대 마살리아의 사회와 언어 상황은 고대 그리스와 라틴 지리학자 및 저술가들이 기록한 텍스트 사본이나 번역본에 대한 비교와 비판적 분석으로 인해 주변 민족들 간의 국제관계에 대해서도 알려져 왔다. 이후 프랑스는 마살리아와 인근 올비아 드 프로방스 지역을 발굴하면서 금석문, 도기, 집터 등의 역사고고학적 자료로 골(Gaule), 마살리아, 나르본에 정착한 민족들과 그들 사회의 구성 및 전통문화 습속을 알게 되었다.

마살리아 도시명에 대한 기원으로 크게 세 가지 가설이 있는데 켈트 어휘인 Mas Salyorum(Salyen족이 머무르는 곳)에서 유래됐다는 설과 정착한 그리스인들이 바위와 작은 만으로 둘러싸인 해변의 지형에 대한 의미로 불렀을 것이라는 것과 셈어(語)인 Matsal(보호령)의 어원설이 존재한다.

2만 7천 년 전, 인류 최고(最古)의 해저동굴벽화

지중해의 항구인 마르세유는 2만 7천 년 전 빙하시대 인류 최고 (最古)의 해저동굴벽화가 그려져 있는 코스케 동굴이 인근 지중해 연안에 자리하고 있고, 6천 년 전 신석기 유물이 마르세유의 생 샤를르 역 주변에서 발굴됐을 정도로 선사시대의 도시이기도 하다. 문화인류학자 구디는 이와 관련해 프랑스와 스페인에서 발견된 동굴벽화에 그려진 예술과 종교의 흔적이 지중해 문화를 표현하는 것이라고 주장했다. 고대 마르세유는 중요 상업 무역 항구로서 지중해를 정주한 많은 세력들인 페니키아, 그리스, 로마, 레반트인들의 문화교류의 장으로 각광받았다. 가깝게는 이탈리아 북부의 에트루리아와 저 멀리는 에게 해 동부의 로도스 섬 등과 교역했던 것으로 알려져 있다.

스트라본의 기록처럼 그리스인의 상업루트와 로마인의 정복루트가 교차한 이곳 마르세유에는 여러 이민족들이 모여들었고 따라서 이곳은 동·서방의 언어가 교류해 문화접변을 이룬 지점이기도 하다. 마살리아는 서쪽으로 이베리아와도 교류가 있었기 때문에 언어발생을 근거로 리구리아어권, 켈트-리구리아어권, 이베리아-켈트언어권으로 나눠지는 기준점이 되기도 한다.

중세에는 북아프리카의 유럽 진출로로 상호 영향을 주고받았고 이탈리아의 르네상스를 조우한 길목으로, 이후 프랑스 대혁명을 이끈 노래 '라 마르세예즈(La Marseillaise)'가 프랑스 북동부 스트라스부르에서 흘러왔는데 이를 통해 마르세유를 짚어볼 수 있을 것이다. 근대도시이자 19세기 산업화 도시의 선두주자로 마르세유는 우뚝 솟아 해외 식민지 건설에 박차를 가한 프랑스의 제1항구이자 제2의 대

도시로 기억되고 있기도 하다. 그러나 도시의 규모에 비해 재정비가 시급한 거리들과 노후화된 역사문화 건물들로 현대성보다는 낙후된 이미지가 지배적이었다. 유구한 역사와 더불어 이어온 마르세유의 지중해 색채는 1995년 스페인 바르셀로나에서 결정된 유로지중해(Euroméditerranée) 도시 리노베이션 프로젝트로 새롭게 태어났으며 도시 재생이라는 재도약의 옷을 입고 있는 중이다. 남프랑스 지중해 주변 도시들과 학문, 경제, 문화 등에서 협력하고 동반 성장을 꾀하고 있으며 건축가 르 꼬르뷔지에가 그러했듯이 마르세유 도시 재건 계획에는 저명한 건축가들이 참여하고 있다. 그 도시 계획에는 도시인문 건축, 고용, 경제, 문화의 효과를 창출하는 아젠다의 프레임 속에서 도시 일부 거리의 어둠을 걷어내고 생명을 불어 넣기 위해 노력하고 있다.

오각형 모습으로 굳건하게 서 있는 '지단의 벽'

마르세유가 시작된 곳 구항(舊港, Vieux-port)에는 포세아에 도시 기원을 설명하는 석판이 정박한 자그마한 배들을 반기고 있고 기원전 5세기 지중해를 건너온 도기, 주석 등의 교역이 있었던 흔적으로 로마의 상업 보세 창고 자리에 박물관이 있어 갈로-그리스와 갈로-로마의 복합문명을 새겨놓고 있다. 마르세유는 고대 그리스와 로마의 모습을 모두 담고 있는 것이다. 상업교역에 있어서는 골 전체를 지나서 브리타니아까지 지중해 생산물들이 교류됐다고 알려져 있다. 이곳은 많은 여행객들이 남프랑스 풍광을 그린 화가들을 만나러 오는 곳이기도 하다. 이곳에서 지중해 박물관 혹은 미술관 여정을 발견하

마르세유 구항구 전경(사진 출처 : 장니나 부산외대 HK연구교수)

게 된다. 구 항구에서 지중해 해안가를 따라 화가 세잔의 발자취를 따라가다 보면 손에 잡힐 듯 멀지 않은 곳에 그리 크지 않은 지중해 섬들이 마주하고 있는데, 알렉산드르 뒤마의 『몽테크리스토 백작』의 주요 무대가 된 이프 섬을 만날 수 있다. 지중해를 향한 문이라 일컫는 커다란 사각형 문은 이민 온 마그레브인들이 고향인 북아프리카를 그리워하는 장소로 유명하다.

한편, 마르세유는 이민자의 도시라는 별칭이 있는데 나폴레옹 시대에 이집트에서 건너온 기마 친위대원, 19세기에 급격한 산업화에 따른 부족한 노동력을 메우기 위해 이민 온 이탈리아, 스페인, 그리스, 말타, 레반트인들의 보금자리였다. 1960년대 마그레브와 아프리카의 옛 프랑스 식민지에서 독립한 국가들에서 프랑스로 이민올 때 가장 먼저 닿는 곳, 마르세유는 진정한 고단한 삶을 시작할 지중해 이민자들의 관문인 것이다. 1998년 프랑스 월드컵 이후 마르세유 출신으로 마그레브 이민자 아들이었던 축구 선수 지네딘 지단의 대형 그림이 그려져 있어 지단의 벽이라 불리는 건물이 있는데, 끝없이 펼쳐지는 지중해 푸른 바다를 바라보는 곳에 오각형의 모습으로 굳건하게 자리 잡고 있다. 언덕의 도시이기도 한 마르세유는 지중해를 향해 배를 타고 3시간 남짓 달려 나가는 선원들의 안녕과 번영을 기원하기 위해 도시 제일 꼭대기에 성모 마리아 수호 성당을 로마-비잔틴 양식으로 건축하여 모자이크 장식의 정수를 보여준다.

파리에서 지중해 TGV 노선을 타고 도착하는 지중해의 항구, 마르세유는 여러 토착적인 요소와 이(異)문화가 혼효를 이룬 지중해문명의 보물 중의 하나이다. 그리스 포세아에의 도시로 에트루리아인과 리구리아인, 골인과의 평화적인 관계를 이뤘던 곳, 카르타고와 로마의 전쟁에 개입됐으며 이베리아, 나르보네즈와 상호 영향을 주고받던 곳, 지중해 무역항구로 지중해인들을 불러 모았던 곳, 이렇듯 고대에서 현대까지 여러 색채의 이민자들로 넘쳐났던 마르세유는 오늘날 유럽의 문화 수도로 언제나 마음의 문을 열고 환대하는 호의를 갖춘 도시다.

마르세유-프로방스, 2013년 유럽문화수도 선정

유럽문화수도는 매년 유럽의 도시를 선정해 유럽 연합 시민들 간 화합을 도모하고자 1985년 그리스 문화부 장관(메리나 메르쿠리)과 프랑스 문화부

구 시가지에서 바라본 마르세유 언덕배기에 위치한 성모마리아 수호 성당(사진 출처 : 장나나 부산외대 HK연구교수)

장관(자크 랑)에 의해 기획됐다. 그리스 아테네가 유럽문화 수도 제1호로 선정됐으며, 올해는 프랑스 남부의 지중해 도시, 마르세유와 프로방스가 그 영광을 누리고 있다.

'2013 마르세유-프로방스'는 1990년대 중반부터 국가주도 도시 재생 프로젝트를 진행 중인 마르세유를 중심으로 문화·사회·정치·경제를 모티브로 삼고 인근 도시들과 연계하며 유럽 문화 수도로서의 면모를 뽐내고 있다. 각 도시의 역사성에 기인해 아를은 로마, 살롱 드 프로방스는 중세의 모습을, 엑상 프로방스는 문화, 지중해 해안가인 마르세유는 그리스의 특징을 보여주는 여러 하이브리드 문화예술행사를 진행하고 있다.

올해 유럽문화수도의 목표는 유럽과 지중해 간 문화 대화를 기치로 삼아 예술가들의 창작 작업을 장려하고 국제적인 연대를 확산하는 데 있다. 바로 유럽연합과 지중해 국가 간의 공동 협력을 바탕으로 유럽-지중해 아틀리에에 모든 시민이 참여하고, 지중해를 중심으로 남과 북의 문화공유를 위해 유럽과 지중해 지역 국가들의 예술가들이 주축이 돼 전 세계 문화예술가들과의 벽을 넘어 만남의 장을 마련하고 있는 것이다. 그 활약 무대는 마르세유 대도시뿐만 아니라 주변 소도시의 거리 곳곳에서 이뤄지고 있으며 예술과 문화 잠재성의 가치를 높이고 대중과 호흡하는 문화 통합 혁신을 기원하고 있다.

태양의 도시, 말라가

보라, 여기 '지상의 낙원'이 펼쳐져 있도다!

✤

말라가에는 '유럽의 발코니', '제2의 나폴리', '지상의 낙원' 등의 수식어가 따라다닌다. 세계적 다양성과 다른 문화들과의 혼합으로 풍요로운 도시 말라가는 스페인 남부지방인 안달루시아 자치주에 속하는 자치도시이다. 인구로 따진다면 스페인에서 가장 많은 인구가 밀집되어 있는 안달루시아 지방에서 두 번째다. 경제적 중요성으로 따진다면 스페인에서 4~5번째로 손꼽히는 자치도시이자 지중해를 끼고 세워진 항구도시이다. 또한 이곳은 유럽인들이 오랜 기간 머물고 싶어 하는 대표적인 휴양도시로 손꼽힌다. 도시를 끼고 300km가 넘는 '태양의 해변'은 영국령 지브롤터에까지 도달하고 있다. 프랑코 독재시절의 1960년대, 주변 국가들로부터 소외당하고 있음에도 불구하고 유럽관광객들이 말라가로 몰려오면서 외교적·경제적 위기를 모면할 수 있었다. 그 이후, 위기를 극복하는 말라가의 의지는 오늘날 스페인을 세계 으뜸의 관광국가로 당당하게 만들고 있다.

안달루시아 지방은 각양각색 현란한 모양의 문화가 모여 있는 것이 특징이다. 그 안에 말라가는 개성이 강한 다른 7개의 자치도시들과 더불어 모자이크처럼 다양한 건축미를 뽐내고 있다. 그러나 외적인 아름다움의 뒤에서 풍겨 나오는 내면의 세월은 결코 단순하지 않다. 어렵고 험난한 역사가 말해주듯, 페니키아, 그리스, 로마, 서고트, 이슬람 등 끊임없이 시대에 따라 외세가 개입된다. 그러나 이베리아의 정복자들은 패배자의 문화를 파괴하기보다는 조화를 이루며 함께 공존을 선택한 것이다.

최대의 자유인간이 되는 도시

안달루시아 자치주 정부는 최근 10여 년 동안 말라가 도심에서 발굴된 고고학적 유물들이 파르케 거리와 시스테르 거리에서 걸쳐 있음을 알게 된 후, 말라가를 역사지구로 선포한다. 수세기에 걸친 여러 민족들의 문화적, 예술적 발자취를 느낄 수 있는 말라가(Málaga)라는 명칭은 기원전 8~6세기 사이에 교역에 뛰어난 자질이 있는 페니

히브랄파로 성에서 바라본 말라가(사진 출처 : 위키커먼스)

키아인들이 '소금절인 생선 조각(Maláka)'을 원주민들과 거래하면서
붙여진 것이다. 카르타고 전쟁에서 승리를 거둔 로마제국은 말라가를
일찍이 로마화시킨다. 아우구스트 황제 재위 시절 건립된 원형극장은
오늘날 야외음악회나 전시회 등의 문학행사가 열려 관객들은 잠시나
마 고대 로마시대의 분위기 속에서 황홀한 시간을 보낼 수 있다.

711년 북부 아프리카의 우마이야 왕조의 후손들이 이베리아 반도
에 나타난 이후 안달루시아 지방을 포함한 아랍인들의 지역을 '알 안
달루스'라고 부른다. 스페인 북부 피레네 산맥을 걸치는 지역은 기독
교 왕국들의 수중에 있고 나머지 지역은 알 안달루스가 군림하는 대
결양상으로 1492년까지 지속되었다. 즉, 기독교인들이 이베리아 반
도 재정복을 성공적으로 마무리할 때까지 상시 긴장감이 팽배한 전
쟁 속에 있었다.

말라가는 성벽으로 둘러싸인 채 5개의 큰 성문을 통해 내·외부를

소통할 수 있는 구조로 만들어졌다. 성벽 안에는 요새와 항구를 가로지르는 구아달메디나 강이 흐른다. 이 강을 기준으로 동쪽은 구시가지이고 서쪽은 신시가지로 나뉘진다. 구시가지에 위치한 알카사바 요새와 히브랄파로 성은 11세기와 14세기에 걸쳐 만들어졌지만 아직도 보존상태가 양호해 여전히 진한 이슬람의 매력을 자아낸다. 알카사바 요새는 그라나다의 알람브라 궁전보다 규모가 작지만 아랍예술의 느낌이 그대로 살아 있는 성이다. 안에 들어서면 분수와 수로가 나 있는 잘 가꿔진 정원들이 펼쳐진다. 산책하기에 더없이 좋다. 옛날 우리가 험준한 지형 위에 산성을 쌓았듯이 아랍인들도 높은 산등성이에 히브랄파로 성을 건립했다. 왕궁 안뜰과 방들을 아랍 스타일로 만들어 동양적 분위기를 자아내는 히브랄파로 성은 현재 유네스코에서 지정한 세계유산이다. 이곳으로 가려면, 알카사바를 나와서 옆에 계단으로 이루어진 오르막길을 이용해야 한다. 히브랄파로란 용어는 원래 옛 페니키나 지역의 가로등이란 의미를 담고 있지만, 산을 의미하는 아랍어 '히브랄(Yaval)'과 등대를 의미하는 그리스어 '파로(Faruh)'가 합성되어 아랍어로 '산에 있는 등대'란 뜻을 지닌다. 히브랄파로 성 정상에 오르면 지중해 푸른 바다와 말라가 시내가 파노라마처럼 펼쳐진다. 오르는데 고생한 만큼의 보람이 느껴질 것이다. 이 두 곳은 이슬람 조상이 말라가에 내려준 아랍문화유산이다. 아이러니하게 성과 요새 옆에는 로마원형극장이 위치하고 있는 것이 눈길을 끈다. 승리자의 너그러움 때문일까 하는 의구심이 생기지만, 실리를 추구하는 아랍인들의 여유로움을 느낄 수 있다.

외곽지역에는 아랍인들의 규제를 덜 받는 독립적 공간으로 제노바, 유대인 등의 주거지역이 있다. 한때 이 유대인 지구의 철학자 · 시인으로 알려진 신플라톤주의자 솔로몬 아이븐 가비롤(1026~1070)은 자신의 고향을 '낙원의 도시'라고 극찬한다. 그가 언급한 이 '낙원의 도시'는, 1977년 비센테 알레이산드레가 노벨문학상을 수상하면서 말라가의 명성을 또다시 세계에 알렸다. "낙원의 도시여, 너는 하늘 아래와 물 위와 또 하늘 사이에서 지배하는 자와 같아라."

이슬람 마지막 버팀목의 사투, 3개월간의 봉쇄

시구에서 엿보이듯이, 시인의 고향 말라가는 최대의 자유인간의 존재가치를 느낄 수 있는 마음의 고향이다. 시인이 '지상의 낙원'으로 느낄 만큼 정신적, 종교적 면에 있어서 차별 없이 자유를 만끽할 수 있는 지역으로 평화로움이 감돌았다. 이슬람의 합리적인 사고로 알 안달루스 안에서 아랍인과 유대인, 이슬람교와 기독교가 함께 자유롭게 공존할 수 있었다. 압데라만 3세에 의해 창설된 코르도바의 칼리화토(929~1031)는 학문과 예술 분야에서 세계적 명성을 얻었지만 정치적, 군사적 혼돈을 겪으면서 알 안달루스는 40여 개의 타이화 소왕국으로 분리된다. 말라가 소왕국은 평화의 분위기에 안주하지 않고 경제적으로 독립된 운영체제 안에서 부와 세력을 키워나갔다. 그러던 중 왕이 사망하고, 도시의 모든 권한이 그라나다 왕국에게 이양되고 만다. 가톨릭 군주들은 재정복 전쟁에서 이슬람의 마지막 왕국인 그라나다를 지원할 수 있는 의지가 강하고 진취적인 기질을 가진 말라가를 간과하지 않았고 우선적으로 굴복시키고자 한다.

말라가는 만일의 전시사태에 대비해 서쪽부터 시작해 수십 개의 망루를 세운다. 1487년 주민들 모두가 전사가 돼 6개월 동안의 전쟁을 치르면서 주변의 지원 없이 물과 식량 반입이 금지된 채 3개월간 버텼다. 시민들은 절망 속에서 배고픔, 목마름, 환자, 시체가 사방으로 흩어져 있게 되자, 지칠 대로 지친 말라가는 결국 백기를 들고 만다. 재정복 전쟁에서 가장 길었던 봉쇄작전인 것이다. 기독교 왕국들이 말라가와 같은 주요한 항구도시를 함락시켰다는 소식은 그라나다 왕국에게 충격을 안겨준 것이다. 말라가는 이슬람을 사수해줄 수 있었던 마지막 희망이었고 버팀목이었지만, 기독교인들에게는 국토회복을 위해서 양보할 수 없는 지역이었기에 양측에게는 사투를 벌인 전투가 되었을 것이다.

승전보를 울리며 도시 안으로 들어온 페르난도 가톨릭 왕은 패배자들에게 명예스러운 항복을 부여하는 것을 거부하며 무자비한 징벌을 가한다. 스페인이 통합된 이후 말라가는 기독교 정복자들의 의향에 따라 경제, 사회, 종교 등 다방면에 있어서 변해갔다. 군대를 뒤따라 들어온 종교기관들의 노력으로 기독교를 중심으로 조직적인 전개를 펼쳐냈지만, 8세기 동안 언어, 관습 등에서 이슬람과 기독교 두 개의 상이한 문화가 함께 어우러진 흔적을 완벽하게 지울 수 없었던 것이 오히려 다행스럽게 여겨진다. 말라가는 스페인의 관리 행정을 관용보다는 비타협적인 자세로 보수적인 관점에서 엄격하게 무장한 결실이다. 그런 의미에서 말라가의 독창적인 기백은 영원히 살아 숨쉴 것 같다.

피카소의 생가를 장식하는 거리의 주역들

말라가에는 '태양의 해변' 주변으로 세계 부호들의 리조트가 몰려 있고, 세계적인 천재화가 파블로 피카소의 생가와 미술관이 메르세드 광장 부근에 있다. 이곳에는 피카소가 어렸을 때 쓴 일기와 만화들이 전시돼 있는데 어릴 적부터 지녔던 화가의 재능을 엿볼 수 있다. 피카소는 살아생전에 자신의 고향에 갤러리를 열고 싶어 했지만 당시 정부의 반대로 뜻을 이루지 못했다. 사후 30년이 지나서 미술관이 건립돼 해마다 많은 방문객의 발걸음이 이어지고 있다.

거리에는 19세기에 말라가를 근대화를 이끌고 간 주역들의 이름이 표시돼 있거나, 동상들이 길거리를 장식하고 있다. 그들은 당시 말라가를 스페인 제2의 도시로 승격시키는 데 큰 역할을 한 일등공신들이다. 평범한 시민들에게 관심 밖의 대상이라면 그들의 업적을 잘 모를 수도 있지만, 오늘날 말라가 도시의 발전에 지대한 영향을 끼친 주인공들이다. 그들의 이름이 시민들의 마음속에 영원히 기억되길 바라는 의미에서 거리의 이정표가 되고 있다. 라리오스 거리, 에레디아 거리, 우엘린 구역, 카노바스 델 카스티요 거리 등등이 눈에 띈다.

라리오스 거리는 마누엘 도밍고 라리오스 후작에서 이름을 따온 것이다. 라리오스 후작은 섬유산업을 국가 경제 발전의 원동력으로 발전시키면서 그 주변에 크고 작은 다른 보조 산업을 육성했던 인물이다. 원래는 이 거리는 1891년 마요르 광장(현재 헌법광장으로 명칭을 변경함)을 말라가 항구로 연결하려고 개방하였다. 현재 라리오스 거리는 국제적으로 알려진 국내·외 유명상표들이 진열돼 있는 비싼 상권이 몰려 있는 지역으로서 연중 내내 인파들이 몰린다. 거리 측면에는 미국 시카고스쿨의 아방가르드 양식에서 영감을 받은 건물들로 배열되어 있으며, 이곳에는 수시로 전시회, 박람회 등이 열리고 있어 길을 지나가는 사람들의 마음을 사로잡는 매력적인 거리가 되고 있다.

라리오스 거리: 최대의 상권을 형성하는 라리오스 거리는 스페인에서 가장 비싼 거리로 알려져 있다.(사진 출처 : 위키커먼스)

올비아 드 프로방스

그리스-로마의 연결로가 된 복자(福者)의 도시 근처에는

2만여 년 전 벽화 그려진 코스케 동굴 있어

　프랑스 지중해 지역을 일컫는 프로방스-알프스-코트다쥐르 (PACA)는 고대부터 육지와 해양 세력이 머무르는 곳으로 복합문화가 형성되고 확산된 곳이다. 여러 민족의 공존과 상호 접촉으로 이곳은 고대 지중해의 독자적인 토착문화와 이(異)문화 간 접변 현상을 야기했으며 발굴된 역사적 유물을 통해 구체적인 정황을 유추할 수 있게 됐다.

　그러나 고대의 역사 흔적뿐만 아니라 망통, 니스, 생-라파엘, 마르세유, 이스트르 등의 해안가와 아비뇽, 오랑쥬, 아를 등의 도시들 주변에서 여러 유물과 유적지가 발굴돼 인근 선사시대 박물관을 형성했기 때문에, 이곳에서 인류와 문화의 기원과 정체가 가지 형태로 존재했음을 알려주고 있다. 구석기와 중석기의 사냥과 채집에 이어 공동 주거의 형태에서 이뤄진 농업, 목축과 제련 활동이 밝혀졌고 노천 주거와 사자(死者)의 세계에 대한 가정도 증명됐다. 상이한 도시들에서 산발적으로 발견된 선사문화는 청동기의 야금술과 후빙기의 예술에 이르기까지 문화적 연속성을 갖고 있음을 알려주고 있다.

1991년 공개된 해저 동굴의 진가(眞價)

　1991년 마르세유와 카시 인근에서 잠수 전문가인 앙리 코스케(Henri Cosquer)는 끝을 알 수 없는 해저 동굴의 입구를 발견(실은 1985년 발견했지만, 그 내용은 잠수부 3명이 죽을 때까지는 공개되지 않았다)함으로써 봉인된 새로운 선사시대를 여는 계기를 마련했다. 그 후 쿠르탱의 책임하에 전문가들이 모여 논의를 시작한 이후 2001년에 이르러서야 정확한 지형도를 복원하기 위한 프로젝트에 돌입할 수 있었다. 코스케 동굴 입구는 수면으로부터 37m 아래 있으며, 175m 길이의 긴 해저 동굴을 지나면 도달할 수 있다. 어느 날 발견된 신비로운 동굴은 그 역사성을 알기 위해 1991년과 1998년 사이에 27차례 방사성 탄소를 이용한 연대 측정을 실시했다. 그 결과 2만여 년 전 마지막 빙하기 때 물의 흐름이 큰 폭으로 이동해 형성된 것으로 밝혀졌다. 일부에서는 이곳의 역할을 놓고 지중해의 성소(聖所)라는 주장도 제기했다.

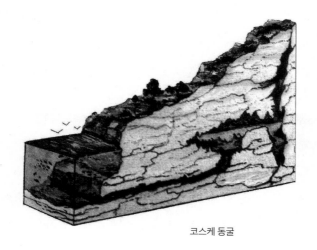

코스케 동굴

코스케 동굴의 역사적 가치만큼 중요한 예술성은 벽화에 있는 흔적으로 알 수 있는데 말, 들소, 사슴, 메가세로스, 야생 염소 등의 11종 177마리의 동물들과 65개의 손 모양 및 20개의 미확인 형상과 216개의 표상에서 확인할 수 있다. 동서고금을 막론하고 예술은 인류의 공통된 현상임을 입증하듯 인류 최고의 동굴벽화에서도 예술의 흔적이 남아 있었던 것이다. 프랑스는 이렇듯 예술을 논하지 않고는 역사를 가늠하지 않는다. 코스케 동굴 발견 이후 가까운 마르세유에서도 신석기 시대의 유물을 발굴하는 등, 프랑스는 과거로의 여행에 즐겁게 동참하고 있다.

지중해 문명의 통로… '복자(福者)'의 의미 지닌 도시

적어도 2천 600년 이상의 역사를 지닌 마살리아(현 마르세유)는 고대 지중해의 영향권에 있던 교역의 중심 항구도시로서 그리스와 로마의 영향이 중첩되기도 했는데, 특히 마살리아의 동남쪽에 위치한 올비아(Olbia)의 유적에서 여러 흔적을 엿볼 수 있다. 상업 항구도시이자 노천 고고학 박물관으로 유명한 올비아 드 프로방스(Olbia de Provence)는 고대 그리스 작가들의 기록에 따르면 고대 그리스어 'Ολβια'에서 유래됐는데, 프랑스어로는 'la bienheureuse(신의 축복을 받은 사람)' 즉, '복자(福者)'를 의미한다.

고대 서지중해 연구자인 바트(M. Bats)는 이 도시가 인근 마살리아의 영향으로 기원전 325년경에 생겨났으며 49년 세자르에 의해 로마화 됐고 그리스의 도시 마살리아로 향하는 인적·물적 이동과 교류의 연결 통로였다고 설명한다.

이 도시 역시 19세기에 아주 우연히 동쪽 성벽 일부가 관찰되면서 발굴되기 시작했다. 1909년 마을 정령을 위한 봉헌글이 적힌 작은 대리석상이 발견됨으로써 이곳이 주거 밀집지역이며 지중해의 교역을 위한 일시적인 체류지라기보다는 그리스 문화의 영향이 지속되고 확산된 곳이라는 점이 밝혀졌다.

마르세유 근교에서 발굴된 도기에서는 갈로-그리스 병용 표기법이 발견되기도 했다. 올비아의 금석문에는 그리스신이 언급돼 있었으며, 봉헌물을 넣는 도기에서도 신의 이름과 350여 개의 헌사를 찾아낼 수 있다. 인근 앙티폴리스의 10여 개 유적지에서도 동일한 유형의 봉헌물이 존재하는 것으로 미뤄 일대의 언어사회에 그리스의 영향이 미쳤음을 알 수 있다.

일종의 민속박물관인 카스트르 박물관에는 이집트, 페니키아, 그리스, 로마 등의 유물과 함께 프랑스에서 세 번째로 많은 민속 자료들이 소장돼 있다. 19세기 지역화가들이 그린 그림을 비롯해 칸느의 역사를 조명해볼 수 있는 전시실도 갖추고 있다.(사진 출처 : 장니나)

기원전 4세기부터 갈로-로마 시대를 지나 7세기까지의 유적을 담고 있는 올비아 발굴에 공헌한 역사학자 쿠프리(J. Coupry)는 수년간(1947~1951, 1956~1971) 연구팀을 구성해 발굴 작업을 계속했다. 그의 제자인 바트가 연구를 이어받았고 두 차례(1982~1989, 2002~2008)에 걸쳐 스승의 발굴 작업을 이어나갔다. 그 결과 지역의 한정성과 시기의 단편성을 벗어나 올비아에서 마살리아까지 주변의 도시들을 포함해 다양하고도 자유롭게 그리스-로마의 문화가 통섭되고 병존했다는 사실을 확인했다.

특히 올비아의 집단 주거지를 근거로 도시의 유형을 살펴볼 수 있는데 그리스어로 기록된 부분이 처음으로 발견된 동쪽영역과 교회영역, 중앙교차로영역, 서쪽영역, 북쪽영역에서도 지속적으로 그리스-로마의 영향이 중세 도기의 상업적 유통에까지 영향을 미친 흔적을 찾아낼 수 있었다.

고대 지리학자 스트라본 가라사대…

일찍이 17권 분량의 유명한 저서 『지리학(Geographica)』을 썼던 스트라본(Strabon, 기원전 63/64년~기원후 24년경)은 마살리아 도시를 앙티폴리스, 니스 등 지중해 해안가와 올비아, 트로이스 전역까지 포함해 설명한 바 있다. 올비아는 마살리아와 마찬가지로 상업과 시장 기능이 활발했던 항구 도시로 알려져 있다. 기원전 2세기까지는 그리스식의 도시 성벽을 이루고 있었고, 로마 정복 이후 로마식 계측법이 도입돼 도시 구획이 이뤄진 것으로 전문가들은 보고 있다.

쿠프리는 올비아의 유적지를 통해 마살리아에서 비롯된 그리스

도시 계획을 체계적으로 설명하는 한편 로마의 해안 식민지의 사례도 밝혀냈다. 바트는 올비아의 주거 양식과 주민들의 활동을 토대로 당시 인구를 밝혀내는 데 기여하기도 했다. 그의 작업은 최초 올비아 거주민들의 예술 활동과 일상생활을 증명한 것으로 주목받았다. 쿠프리와 바트의 연구를 통해 드러난 올비아는 고대 그리스인들이 명명했던 것처럼 '복자(福者)' 즉, 신으로부터 축복받은 곳임에 틀림없다. 올비아의 역사적 가치는 바로 여기에 있다고 할 수 있다.

이후 이 도시의 중세를 중점적으로 연구한 베치온과 정부와 교회의 협조로 다른 여러 연구가 활발하게 이어진다. 이러한 연구는 올비아를 단편적으로 설명하기보다는 프랑스 지중해지역(PACA) 전체의 문화를 조명하는 차원에서 전개된 것이다.

브르타뉴의 전설이자 상징인 모르비앙의 카르냑 거석(巨石) 문화

프랑스 서부의 브르타뉴 지역은 '큰 브르타뉴'(영국)와 칼레 해협을 사이에 두고 마주하고 있으며 고대 켈트인이 정주했던 곳이자 모르비앙 만(灣)에 펼쳐져 있는 카르냑의 거석문화로 역사의 수수께끼를 들려주는 곳이다.

1875년 스코틀랜드 출신의 고고학자 제임스는 이곳 토박이인 자샤리와 더불어 거석기념물 연구에 일생을 바쳤으며 둘의 이름을 딴 선사시대 박물관(Le Musée James Miln - Zacharie Le Rouzic)에는 구석기시대부터 갈로-로마 시대까지의 주요 유물들이 보관돼 있다. 특히 유럽에서 가장 많은 선사시대 소장품을 볼 수 있는 곳으로도 정평이 나 있으며 조상들의 생존 방식과

카르낙의 거석(사진 출처 : 위키커먼스)

돌을 활용한 건축의 유형 및 매장 의례에 대해서는 그 상징성까지 유추할 수 있게 되는 곳이다. 이 박물관은 유럽의 학생들이 그들의 역사를 알기 위하여 수학여행을 오는 곳으로도 정평이 나 있다.

아름다운 해안가 절벽을 따라 역사도시가 많은 브르타뉴 지역에서도 모르비앙 만(道)의 한 마을인 카르낙은 크고 작은 3천여 개의 거석이 기괴한 모습으로 대서양을 향해 우뚝 서 있는 열석(列石)의 장관을 보여준다. 정확한 연대와 문화를 규명하기 위해 과학적인 방법을 모색했으나 아직까지 정확하게 알려진 바가 없으며 2013년 여러 봉분이 새롭게 발굴되면서 그 역사는 기원전 5000년경으로 거슬러 올라간다.

'모르비앙'은 브르타뉴어로 '작은 바다'라는 뜻으로, 같은 켈트어 계통인 골어(語)의 '아르모리크'를 통해 카르낙의 거석문화를 갈리아 켈트와 연관시키려는 전설도 있었다. 이후 중세 브르타뉴는 인근 노르망드인과의 전투에서 바르브 토르트가 했던 말인 "오점을 남기느니 죽음이 낫다"는 경구를 지역의 상징으로 전하고 있다. 이 말은 브르통(브르타뉴 사람)들의 굳센 정신을 대변한다.

옥시탄어와 프랑스의 언어정책

"언어를 잃게 되면 우리 자신도 잃게 된다"

❧

소로소로(SOROSORO)는 전 프랑스 대통령인 자크 시락이 만든 소수언어 보호를 위한 재단으로 폴리네시아의 바누아투 섬에 거주하는 여덟 명의 화자(話者)뿐인 아라키 '언어'에서 유래했다.

사회언어학자들은 아라키어와 같이 세계에서 언어의 생태를 위협받는 소수어가 점점 증가하고 있음에 우려를 표명해왔다. 지구상의 500여 개 언어는 화자수가 겨우 100명 남짓하고, 반면에 전 세계 인구의 10%가 전체 사용되는 언어의 90%를 장악하고 있으므로 주요 몇 개의 언어만이 권력을 갖는다고 볼 수 있다. 특히 인터넷상에서는 12개 언어만이 정보를 독식하고 있음이 2009년 프랑스 파리에서 열린 '세계모국어대회(JILM: la Journée internationale de la langue maternelle)'에서 지적됐다. 이 학술대회는 유네스코의 10여 년 연구와 맥을 같이하며 '위험에 처한 세계 언어들'이란 주제로 2008년 '세계 언어의 해'에 전 세계에서 이뤄진 연구들을 발표하고 토론하는 자리였다. 이 대회에 참가한 이들은 이른바 다언어주의, 언어의 다양성, 위기에 처한 언어를 조사하고 보호하며 후대의 자산으로 물려주기 위한 정책과 방안들을 모색했다.

예컨대 옛 프랑스 식민지였던 아프리카 말리는 1979년부터 프랑스어를 포함한 국가어 개념을 도입해 여러 언어를 이중언어 교육 방법으로 수호하고자 했다. 이들은 1987년 벨기에의 시청각 연구센터가 개발한 '집중 언어교육'을 적용한 결과 피교육자들의 77%가 학력측정 시험에 통과하는 쾌거를 거두자 2005년부터는 이를 표준화된 국가프로그램으로 도입하고 있다. 상호문화를 존중하는 차원에서 이중언어교육 시스템을 적용하고 있는 페루는 1952년부터 모국어 교육에 관심을 보이면서 1975년에는 소수어인 케츄아어를 인정했으며, 1994년에는 국가의 문화와 민족의 다원성을 전제로 언어와 교육에 대한 권리를 제시하기도 했다. 그 결과 2000년에 이르러 94개의 교과서가 출판되고 1만여 명의 소수어 언어 교육자를 양성해냈다.

'세계가 언어를 잃어버릴 때마다 우리도 우리 자신의 일부를 잃어버리게 된다'는 슬로건은 언어를 보편적 휴머니즘과 자연생태 보호의 시각에서 다뤄야 함을 의미한다. 언어는 전통문화와 민족의 창조적 산물이며 상호 소통과 인지를 통해 세계의 가치관을 만들어나가야 하는 성찰의 도구이므로 언어를 배움으로써 세상을 향한 다른 비전과 접근이 가능하게 된다. 이와 관련해 2000년부터 진행된 연구 성과를 담고 있는 JILM보고서는 한 나라 혹은 지역에서 여러 모국어가 평화적으로 공존할 수 있도록 '언어는 우주이며 각 언어는 행성'이라는 설명을 통해 언어 간 교류와 다문화 공간을 인터넷상에서도 제시하고 있다. 이러한 다양한 언어의 존중 속에는 소수어, 지역어, 이민자들의 언어, 수화, 점자의 보호도 포함돼 있다.

유럽은 1970년대 초반 회원국들의 타 문화를 알기 위한 다양한 언어 교육을 진행했는데, 사회언어학, 화용론, 언어학의 제 이론들을 바탕으로 18명의 전문연구자들이 유럽의 공동 언어교육 프로젝트를 완성하는 데 이르렀다. 이후 이민자들의 언어를 이중언어 환경을 고려한 의사소통방법론으로 보완했으며, 1990년대에 와서는 범유럽(paneuropéen)을 내세워 유럽에서 통용되는 모든 언어들 속에 소수어, 지역어를 포함시킨 언어정책을 '언어, 다양성, 시민'을 기치로 한 문화교육으로 확장하고 매년 9월 26일을 '유럽 언어들의 날'로 기념해 다양한 언어들을 수호하고자 노력하고 있다. 유럽인들에게 다원 언어·문화 능력을 교육하고 이를 평가하기 위한 공동의 기준도 마련했다.

1992년에 제정된 '유럽 지역어 및 소수언어 헌장'이 바로 사라질 위험에 처한 유럽의 소수언어 유산을 보호하고 소수언어권 및 개인의 언어 권리를 인정하려는 정책으로 유럽 연합회원국들의 비준을 받고 있다. 이 헌장은 오랫동안 음지에서 활동한 지역어 수호단체에게는 획기적인 전기가 됐지만, 프랑스어를 유일한 국가어로 삼고 있는 프랑스 정부에는 민감한 사안이어서 비준까지는 진통을 겪었다. 1997년에 프랑스는 여러 지역어와 교육 상황에 대한 평가 보고서인 「지역어와 문화들」을 마련하고 헌장이 프랑스 헌법에 부합하는지에 대한 법률적 평가 보고서를 제출해 각계각층에서 논의들을 거친 후 1999년 헌장의 98개 조항 중 39개 조항에 서명함으로써 유럽 헌장이 요구하는 최소한의 조항들을 충족시켰다.

다양한 소수어·지역어와 이민자들의 언어가 공존하는 프랑스는 첫 언어정책이었던 빌레르 코트레 칙령(1539년)에서 대혁명시기(1790년)까지 프랑스어 표준화 정책을 유지해온 반면, 비시정부(1941년)와 덱손법(1951년)을 통해 지역어 교육을 승인해 법적 근간을 마련했으

남프랑스 엑상 프로방스에 있는 '자 드 부퐁Jas de Bouffon'(이 지역어로 '바람의 전원시'라는 의미임) 전경.(사진 출처 : 장니나)

나 바로 시행하지는 않다가 1966년에 비로소 지역어 교육을 위한 학구 위원회가 생겼다. 이후 바-로리올법(1975년)에서 투봉법(1994년)까지 프랑스어 사용관련법이 제정돼 공화국과 국민단결의 언어로 프랑스어 사용을 의무화했는데 이는 유럽연합의 지역어 및 소수언어 보호정책을 부정하는 것이어서 갈등을 빚게 됐다. 그러나 이 문제는 결국 1999년에 프랑스의 지역어들을 지역 내의 보물만이 아니라 프랑스 전통 문화 유산으로 재정의하는 선에서 일단락되고 말았다.

프랑스가 취한 '하나의 모국어정책'은 대혁명의 혼돈 속에서 여러 지역어들의 공존이 정치적 통일에 저해요소가 되는 것으로 판단돼 초등학교를 의무교육으로 지정하고 프랑스어로 교육할 것을 공시하면서 시작됐다.

1790년에 실시된 한 조사를 보면, 전체 인구 2천 500만 명 가운데 파리와 주변인 일 드 프랑스 지역에서 사용되던 '지역어'인 프랑스어 사용자는 겨우 3백만 명 뿐이었다. 이러한 사실은 나머지 2천 200만 명의 다른 지역어 화자들에게는 커다란 충격이 아닐 수 없었다. 특히 당시 프랑스 지역어의 양대 산맥이었던 북부의 오일-프랑시엥어권(프랑스어)과 남부의 오크-옥시탄어권(옥시탄어)의 대립은 자연스러운 현상으로 보일 정도였다. 오늘날 프랑스 남부와 스페인, 이탈리아의 일부에서 보호·수호되고 있는 옥시탄어는 프랑스의 대표적인 지역어 중의 하나로 국제적 연대 속에서 과거 중세에 문학을 중심으로 화려하게 꽃피웠던 옥시탄 문화권의 유산이라고 할 수 있다. 옥시탄어를 보존하고 후대에 물려주기 위해 1802년부터 번역과 사전편찬 작업을 시작으로 끊임없는 노력들이 이어져오고 있다. 이는 지역이 지역어를 지켜내기 위해 국가와 투쟁한 결과이며 그 밑바탕에는 이곳 출신의 노벨문학상 수상자이기도 한 프레데릭 미스트랄(Frédéric Mistral)과 그가 주도한 펠리브리즈(Félibrige) 운동이 있었다.

과거 17세기부터 식민지 정책과 관련 깊었던 프랑스의 언어정책은 1950~60년대에 식민지 국가들이 독립하거나 혹은 프랑스 해외 영토로 남게 된 후 1962년 세네갈 초대 대통령이자 시인인 생고어(Sengor)가 「세계 속의 프랑스어」라는 제목으로 글을 기고하면서 '프랑코포니(la francophonie, 프랑스어사용문화권)'로 재탄생됐다. 이는 이미 1880년에 프랑스 지리학자인 오네지슴 르클뤼가 사용했던 개념에 대한 재조명으로 5개 대륙에서 사용되는 프랑스어와 각 나라의 모국어들을 동시에 존중하는 다양성의 가치로 나아가게 됨을 의미한다. 프랑스의 지역어, 과거 식민지의 언어들에 이어 19세기부터 활발했던 이민을 통한 여러 이민자들의 언어 또한 보호받아야 하는 소수언어다. 이들 소수어·지역어 등에 대한 관심과 보호 노력들은 다양성 존중을 표방하는 상호문화 차원에서의 통합을 지향하는 프랑스 언어정책의 한 모습이다.

지역어를 지켜낸 프레데릭 미스트랄의
펠리브리즈 문학운동

미스트랄

남프랑스의 대표적인 지역어인 오크어는 1500년을 기준으로 이전은 옥시탄어로, 이후는 프로방스어로 불리기도 한다. 다양한 표기로 인해 1290년 이탈리아의 시인 단테는 오크어로 불렀고 14세기 이후로는 라틴어 표현인 옥시탄어로 알려졌다. 이후 19세기 옥시탄 지역에서는 전통문화보존운동이 있었는데 행정문서에 오크어와 옥시탄어를 동의어로 기록하고 있다.

이 지역의 언어 수호를 위해 지역어로만 문학작품을 남긴 프레데릭 미스트랄은 1904년 노벨문학상 수상자로 오크어를 연구한 언어학자이기도 하다. 그가 주도한 펠리브리즈 운동은 엄밀히 말해 중세 옥시탄문화권의 언어였던 옥시탄어의 화려한 부활을 꿈꾸듯

문학 활동을 통해 지역어를 수호하고자 한 문인들의 활동에서 시작되었다.

많은 프랑스인들이 옥시탄어를 소통하는 언어라기보다는 문학의 언어로 인식하듯 11세기 말엽 최초의 음유시인인 기욤 드 푸와투(1071~1127)는 고대 성인들의 순교를 기록했고, 프랑스 남부 음유시인들로부터 연애를 소재로 한 서정적이고 우아하며 세련된 궁정문학이 번성하기 시작했다. 이 지역 음유시인들은 귀족의 성에서 시와 노래를 읊고 부르며 경제적인 보호를 받고 있었는데 이교도 근절을 명목으로 북프랑스의 왕들이 남프랑스 귀족에 대항해 일으킨 알비파 원정(1209~1229) 이후로는 유럽의 여러 지역을 두루 편력하면서 옥시탄어를 확산시키는 계기가 됐다.

당대 로망제어들 중에서도 위상이 높았던 옥시탄어는 고대 헬레니즘 시대에 통용됐던 공통어를 지칭하는 '그리스 코이네'처럼 음유시인들의 동선(動線)으로 인해 여러 지역에서 사용하는 공통어로 발전했다는 추정이 있다. 또한 옥시탄어가 현재도 보호되고 있는 지역을 근거로 볼 때 지중해 연안에서 이뤄졌던 무역에서 쓰이던 언어들 간의 우위로 인해 여러 집단의 매개어가 됐다는 가설도 있다.

중세의 옥시탄어로 된 문학작품을 보존해 후세에 물려주기 위한 목적에서 시작된 번역 사업은 사전편찬으로 이어지고 지역어로 된 문학 활성화에 기여했다. 1854년에는 프레데릭 미스트랄과 여섯 명의 시인들로 구성된 펠리브리즈협회가 옥시탄어와 오크제어를 수호함으로써 초기의 문학동아리에서 강력한 영향력을 발휘하는 단체로 거듭났다. 이후 옥시탄어를 가르치는 학교와 연구기관이 생겨나고 문법서가 간행된다. 1972년에는 옥시탄어 여름대학이 옥시탄어와 문화 보급에 박차를 가했다.

프랑스 옥시탄어 보호단체는 스페인과 이탈리아 일부 지역에서 활동하는 옥시탄어 지역어 운동가들과 국제적으로 연대하기도 했다. 그 결과 옥시탄어는 1998년에는 스페인 카탈란 지역의 발다란에서 공식어로 인정받았고 2007년에는 카탈란 전 지역으로 확대되었다. 이탈리아에서는 1999년 국가 어로 보호받게 되고 2006년 토리노 동계올림픽 때는 공식어로 선정되기도 했다.

스페인 왕가의 여인들

강한 카리스마의 여장부와 버림받은 비극의 여왕

✤

　스페인 국영TV에서는 2013년 하반기를 포함해 2014년 9월부터 세 차례에 걸쳐 황금시간대에 국민의 마음속 영웅으로 추대받고 있는 카스티야 왕국의 이사벨 여왕(1451~1504)의 인생과정과 업적을 재조명하는 역사드라마를 시리즈로 방영하고 있다. 여왕의 공식 명칭은 '이사벨 가톨릭 여왕(Reina Isabel la Católica)'이다. 당시 왕위 계승이 남성중심으로 이루어지고, 지역귀족들의 세력이 막강하여 통제가 어려웠던 시절, 이사벨 여왕은 저돌적인 도전정신과 강한 리더십으로 여러 민족과 종교가 공존하는 이베리아 반도를 오늘날의 스페인이 될 수 있도록 토대를 만들어준 카리스마가 넘치는 여장부였다.

　스페인은 카스티야, 나바라, 아라곤, 그라나다 등 여러 왕국으로 분열돼 있었다. 카스티야 왕국의 왕위를 놓고 이사벨 공주는 이복오빠였던 엔리케 4세(Enrique IV)와 절박하게 도피하며 투쟁을 벌이면서, 우여곡절 끝에 이웃 왕국 아라곤의 계승자인 페르난도 왕자와 정략결혼을 한다. 사촌관계임에도 불구하고 교황으로부터 결혼승락을 받은 것이다. 결국 이사벨은 피 한 방울 흘리지 않고 두 왕국의 연합을 이루는 동시에, 아라곤 왕국을 정치적 동맹자로 만들었다. 하나가

된 연합왕국은 군사적인 힘을 내세워 '국토회복운동(레콩키스타)'을 주도적으로 추진해나간다. 이 과정에서 고대 로마인들이 스페인지 역을 지칭하던 라틴어 '히스파니아(Hispania)'는 오늘날 사용하는 '에 스파냐(España)'로 변천해 아라곤과 카스티야 왕국 모두를 통칭하는 용어가 된 것이다. 한편, 교황 율리우스 2세는 성지 예루살렘을 속 히 되찾아주길 염원하는 의미에서 연합왕국의 군주인 이사벨과 페르 난도 부부에게 '가톨릭 왕들(Reyes Católicos)'이란 칭호를 부여함으로 써 각각 '이사벨 가톨릭 여왕(Isabel la Católicos)', '페르난도 가톨릭 왕 (Fernando el Católicos)'으로 부르게 된다.

자식보다는 국익을 내세운 '결혼동맹'

스페인에 있어 1492년은 국가의 운명을 좌우할 만큼의 중요한 해 이다. 우선 카스티야-아라곤 왕국이 그라나다의 이슬람 왕국을 이베 리아 반도에서 축출함과 더불어 레콩키스타를 마무리하면서 하나의 스페인으로 완전하게 통합된다. 진정한 국가의 통합은 정치적·종교 적으로 이뤄져야 한다고 굳게 믿던 이사벨 여왕은 재정복의 여세를 몰아 가톨릭의 위력을 발휘할 기회를 갖게 된다. 종교에 대한 무관용 의 원칙을 지속적으로 적용시키며 이교도들을 이베리아 반도에서 발 을 붙이지 못하게 만든다. 게다가 '종교재판소'를 통해 가톨릭 순혈 주의를 강조하며 유태인 추방령을 공포한다. 이제 스페인은 명실공 히 가톨릭을 상징하는 국가 반열에 올라선 것이다.

중세 유럽에는 왕가 간의 결혼으로 왕국의 입지를 확고하게 다지 려는 강한 의지가 공통적으로 존재한다. 이사벨 여왕이 르네상스에

입문하는 문화를 적극적으로 장려하던 무렵, 유럽 왕가들은 프랑스 샤를 8세의 대외적인 행보에 관심과 견제를 보이기 시작한다. '세력 균형'이란 명분하에 일정한 국가가 월등한 국력을 갖는 것을 경계하는 상황에서 프랑스와 스페인 양국은 지중해에서의 활동 영역을 넓히려고 각축을 벌이게 된다. '가톨릭 왕들' 역시 철저하게 정치적, 외교적 계산속에 프랑스를 제외한 주변 국가들과 '결혼동맹'을 진지하게 고려하며 외교전을 펼치는 데 뛰어들었다.

'가톨릭 왕들' 부부에게는 결혼 적령기에 들어선 5명의 자식들이 있는데, 그들이 자식이기에 앞서 국가의 이익을 창출해줄 수 있다고 생각하고 외교정책을 수립한다. '가톨릭 왕들' 본인들도 역시 '결혼동맹'으로 정치적 이익을 기대하며 부부의 인연을 맺었듯이, 자식들의 미래를 담보로 앞으로 다가올 파격적인 성과물을 기대하며 외교전에 몰입하게 된다. 자식 교육에서도 개인의 이익이 아닌 국익을 강조하며 사사로운 감정을 배제하는 것을 기본으로 삼았다. 특히 이사벨 여왕은 타지에서 겪을 외로움이 두려워 결혼을 머뭇거리는 딸들에게 "우리는 여왕이 되기 위해 태어났기 때문에 개인적 이익을 추구하는 사치는 허락될 수 없다"라고 냉정하면서도 단호하게 명하면서 '군주는 국익을 위해 존재하는 인물'임을 강조하며 딸들의 등을 떠밀었다.

결국 국가전략에 따라 스페인 연합왕국의 장남인 후안(Juan)과 차녀 후아나는 신성로마제국의 마르가리트 공주(Margarita de Austria), 펠리페 왕자와 각각 인연을 맺어 합스부르크 왕가와 겹사돈 관계가 된다. 장녀 이사벨과 삼녀 마리아는 포르투갈의 마누엘 1세의 부인으로, 사녀 카탈리나는 영국의 엔리케 8세의 부인으로 결혼을 성사시킨다. 이처럼 '결혼동맹' 전략을 국가의 중요한 목표로 설정하고 행동에 옮기면서 스페인은 주변 유럽 국가들의 견제 대상이 될 수밖에 없었다.

대외적으로는 미래가 약속된 다복한 스페인 왕실이었지만, 태어난 후손들은 하나같이 불운의 징크스를 지녔던 모양이다. 전략적으로 결혼한 왕손들은 비명횡사하거나 불행한 삶을 살다 간다. 이사벨 여왕의 마음은 자식들의 불행을 지켜보는 내내 안타까움의 연속이었고 그녀의 건강은 날로 쇠약해져 갔다. 갓 결혼한 후안의 죽음과 왕세자비의 복중 태아 유산, 장녀 이사벨의 난산과 사망, 상속자인 어린 손자 미겔(Miguel)의 갑작스런 죽음으로 스페인 왕위계승은 새로운 국면에 접어든다. 애초에 계획했던 유럽에서 카스티야-아라곤 연합왕국의 확고한 입지를 위해 이베리아 반도에 스페인 제국건설 계획이 물거품처럼 사라질 수 있다는 우려 속에, 1504년 이사벨 여왕의 죽음으로 스페인은 새로운 희망의 빛을 발견하게 된다. 종전의 계획대로 이제 카스티야 왕국의 계승권은 8년 전 합스부르크 왕가의 장남에게 시집간 후아나 공주가 이어갈 수 있기 때문이다.

후아나가 16세가 될 무렵, 아직 소녀의 모습이 가시지 않은 시기, 그녀는 부모님의 뜻을 따라 오늘날 벨기에 지역에 해당하는 플랑드르 지역으로 가는 배에 몸을 실었다. 합스부르크 왕가와 정략결혼을 하기 위해 미지의 세계로 떠나는 후아나 공주는 1천 500여 명의 수행원과 120척의 선박들을 대동해 대외적으로 스페인 왕실의 위용을 마음껏 뽐냈다. 자신이 태어난 스페인과 정서적·문화적으로 다른 외딴 곳에서 후아나는 순수한 마음으로 오로지 남편인 펠리페만을 바라보고 믿고 의지하고 싶었다. 그러나 그녀에게 돌아온 것은 자유분

방한 생활을 즐기려는 펠리페의 불륜 모습이었다. 그의 불륜을 확인하며 후아나는 심한 배신감을 느끼게 된다. 이때부터 남편에 대한 집착 증세를 보이게 된 카스티야 왕국의 상속녀는 '광녀 후아나(Juana la Loca)'라는 별명을 얻게 되었다.

스페인 왕실의 비애와 '광녀 후아나' 여왕

남편에 대한 애증과 그의 갑작스러운 죽음은 '광녀 후아나'가 감당하기 버거울 만큼 주변의 걱정과 우려를 자아냈다. 급기야 그녀는 카스티야 왕국의 여왕으로서의 칭호를 소유하면서도 실질적인 통치권을 박탈당한다. 정신이 오락가락해 구제불능의 정신이상자로 내몰린 후아나 1세(1479~1555). 그녀는 스페인의 통합에 절대적으로 필요

아라곤의 국왕 페르난도의 명으로 '광녀 후아나'는 막내 딸인 카탈리나 공주와 더불어 토르데시야스 궁전에서 유폐됐다. Francisco Pradilla Ortiz, Juana la Loca recluida en Tordesillas con su hija la infanta Catalina(Museo del Prado, 1906), oil on canvas, 85X146cm.(사진 출처 : 위키피디아 커먼스)

한 존재이였다. 그녀가 가족으로부터 원했던 것은 위로와 도움이었을 것이다. 그러나 페르난도 아라곤 왕국의 국왕인 아버지와 스페인 제국의 카를로스 1세인 아들은 후아나 여왕의 바람을 저버린 채, 그녀를 외부와 단절시키기 위해 토르데시야스(Tordesillas) 성에 34년간 감금시켰다.

후아나가 카스티야 왕국의 새로운 후계자임을 선포하기 위해 스페인에 머문 여러 해 동안 아들 카를로스는 플랑드르에서 고모의 손에 의해 독일식 교육을 받으며 성장했다. 그녀가 유폐생활을 하는 동안, 카를로스는 자신을 낳아준 어머니 후아나를 스페인 상속을 위한 도구로 여긴 것 같다. 후아나가 그토록 그리워하며 보고 싶어 했던 아들은 자신을 낳아준 어머니와의 만남을 단 한 차례로 끝낸다. 아들은 유폐된 어머니와의 이 일회의 만남을 '광녀 후아나'의 상속자로서의 위상을 대외적으로 과시하고 선전할 의도를 갖고 카스티야의 귀족들과 주민들의 지지를 얻기 위한 수단으로 이용한 비정한 아들임을 보여준다.

유럽사에서 가장 비참하고 슬픈 사연의 주인공, '광녀 후아나'의 사망소식이 알려지자 카스티야의 주민들은 매정한 현실에서 남편, 아버지, 아들로부터 속수무책으로 버림받으며 전략적 이용만을 당하다가 외롭고 쓸쓸하게 세상을 등진 자신들의 여왕 후아나 1세의 죽음을 애통해하며 추모했다는 이 일화는 모두의 마음을 쓸쓸하게 만든다.

'플러스 울트라(Plus Ultra)'를 실천한 이사벨 여왕

스페인 국기 왼편에 나타나 있는 국가 문장에는 헤라클레스 (Hercules) 기둥을 감고 있는 두 개의 두루마리가 있다. 그 안에 '플러스 울트라', 즉 '보다 더 멀리', '이상을 향해'라는 의미를 담고 있는 라틴어가 새겨져 있는 것을 볼 수 있다. 이 문양은 '결혼동맹'의 결정체였던 스페인 제국의 황제 카를로스 1세가 제국의 번영을 과시하기 위해 유럽 곳곳에

'플러스 울트라(Plus Ultra)'가 새겨진 스페인 국기 문양.(사진 출처 : 위키피디아 커먼스)

서 전쟁을 치르며 '기독교 세계(la Cristiandad)'를 형성하기 위해 국가의 좌우명으로 삼았던 표어다. 그러나 그에 앞서 외할머니였던 아메리카의 발견을 주도하고 거대한 스페인 문화권 형성이 가능하도록 토대를 마련한 인물이 바로 이사벨 여왕인 것이다. 즉, 다른 세상으로 스페인이 뻗어나갈 수 있도록, 스페인 후예들이 영광을 누릴 수 있도록 이사벨 여왕은 아메리카의 발견을 주도했고 거대한 스페인 문화권 형성이 가능하도록 토대를 마련했다.

이처럼 이사벨 여왕의 뛰어난 담력과 거침없는 추진력은 스페인 통합에서 멈추지 않는다. 잦은 전쟁으로 국가와 국민이 느낄 수 있는 피로감도 잠시 뒤로 미루고 신대륙 개척이라는 새로운 목표를 향해 외부로 끊임없는 도

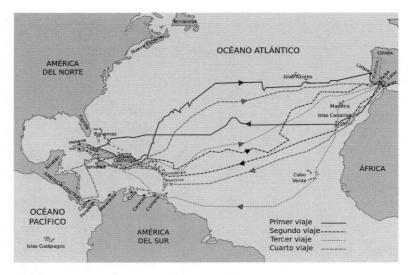

콜럼버스가 지나간 4개의 아메리카 경로. 콜럼버스는 아메리카를 발견한 이후 사업성을 타진하기 위해 3번이나 더 다른 경로를 통해 재탐험을 했다.(사진 출처 : 위키피디아 커먼스)

전을 두려워하지 않은 것이다. 콜럼버스의 줄기찬 설득으로 이사벨 여왕은 90명의 선원과 산타 마리아 호를 비롯한 3척의 배를 지원해주는 내용을 담은 '산타 페 협정(Capitulaciones de Santa Fe)'을 체결한다. 전쟁과 전쟁을 겪으며 나라의 재정이 고갈된 상태였지만 여왕은 사재를 털어서라도 후원 비용을 마련한다. 그리고 드디어 '가톨릭 왕들'은 1492년 8월 3일 아메리카 탐험을 위한 역사적인 출항을 지켜볼 수 있었다. 이날이 있었기에 훗날 신대륙을 통해 유입되는 막대한 재물은 스페인을 부국(富國)으로 도약시키며 '태양이 지지 않는 제국'이라는 명칭을 얻게 만든 것이다. 바로 이사벨 여왕과 같은 인물이 있었기에 스페인은 '국가통합, 가톨릭교 체제, 신대륙 발견'의 세 가지를 이룰 수 있었다. 오늘날 스페인 국민 마음속에 이사벨 여왕은 영광스럽고 고마운 영웅으로 모두의 사랑과 존경심을 한 몸

에 지니고 있다. 그녀는 스페인 국민들에게 영원한 역사적 인물로서 존재
하고 있다.

4

교역의 중심,
동지중해

슬로베니아

다양한 얼굴을 가진 '사이의 땅'

✤

철의 장막이 무너짐과 동시에 경계가 재편성되면서 몇몇 새로운 국가들이 지도 위에 등장하게 됐다. 그중 하나가 바로 슬로베니아이다. 슬로베니아의 역사학자 오토 루타르가 저술한 책의 제목 『The Land Between』은 이 작은 나라의 특징을 가장 잘 말해준다. 슬로베니아는 '사이의 땅'이다. 오스트리아, 헝가리, 크로아티아, 이탈리아 등 네 국가들 사이에 끼어 있는 나라이면서 대략 43km의 아드리아 해안선을 지니고 있다. 북서쪽은 알프스 산맥이 둘러싸고, 북동부 지역은 파노니아 평야의 강과 하천에 닿아 있다. 반면, 슬로베니아 남쪽은 아드리아 해 북부의 지중해성 기후에 속하는 곳이다.

성모 승천의 순례지로 바뀐 지바 여신의 성역

1991년 6월 25일 유고슬라비아로부터 독립을 선언한 슬로베니아의 독립 전쟁은 불과 열흘 만에 종식됐다. 사실 그 후에 발생했던 끔찍한 유고슬라비아 전쟁으로부터도 슬로베니아는 별반 영향을 받지 않았다. 인접한 크로아티아가 전쟁의 완충지대 역할을 해주었기에 슬로베니아는 세계를 충격으로 몰아넣은 무자비한 전쟁으로부터 큰 타격을 입지 않을 수 있었다.

필자의 연구주제가 종종 현재 슬로베니아 국경으로 둘러싸인 지역의 선사시대 문화와 관련돼 있었기 때문에 슬로베니아로 여행을 갈 만한 이유들이 많았음에도 불구하고 2007년이 돼서야 비로소 슬로베니아를 방문할 기회를 가질 수 있었다. 그해 늦여름에 나와 동료들은 차를 타고 독일에서 알프스를 건너 여행을 갔다.

오스트리아의 남부 도시인 클라겐푸르트와 근접해 있는 국경을 넘어 슬로베니아의 수도인 류블랴나를 향하자, 뾰족하고 우뚝 솟은 알프스의 풍경이 점차적으로 여전히 장엄하기는 하나 부드러운 모습으로 바뀌었고, 류블랴나 분지 쪽으로는 점점 더 평지가 넓어졌다.

길을 따라 나 있는 표지판에 언어가 바뀐 것을 제외하고는 국경선 사이에서 갑작스럽게 변화된 점은 없었고, 짙은 녹색의 숲은 농지 그리고 목초지와 번갈아가며 보였다. 슬로베니아 서북부에서 가장 유명한 관광지 중 하나는 자그마한 빙하호 마을 블레드이다. 11세기에 세워진 요새 중 제일 오래된 성(城)인 블레드 성은 호수를 끼고 있는 수직 절벽 위에 위치해 있다. 하지만 사람들에게 가장 몰려들어 사진을 찍는 명소는 호수 한가운데 있는 작은 블레드 섬이다.

한때 슬라브인들이 지바 여신을 모셔둔 성역이었지만 슬라브족이 기독교로 개종하면서 이곳은 성모승천의 순례 교회가 됐다. 눈 덮인 알프스를 배경으로 하는 장려하고 신비한 경치는 그림형제의 동화 속 무대 또는 낭만주의 화풍의 작품을 보는 듯하다.

여행경로 중 첫 번째로 만나게 되는 대도시 피란은 대부분의 중동부 유럽 도시들과 마찬가지로 두 가지 얼굴을 지녔다. 우선 역사적

블레드 호수에 위치한 블레드 섬의 성모 성당.(사진 출처 : photographer Federico Orsini)

으로 자연스레 발전해온 도심이 있고, 한편으론 도시 풍경과 분위기에 전혀 어울리지 않게 이질적인 콘크리트 빌딩과 아파트 건물이 들어선 지역들이다. 이 건물들은 인간과 환경의 조화로운 관계보다는 경제 발전 위주의 정책을 더 중요히 여긴 과거의 정부주도 경제가 남긴 유물들이다.

슬로베니아 중심부에 위치한 류블랴나는 이 나라의 수도이다. 도시 중앙에 있는 언덕 위에는 인상적인 성과 함께 류블랴니차 강이 류블랴나 도심부의 경관을 이룬다. 또한 중세 이후 축적된 여러 시대의 건축양식이 혼재하는 것 역시 눈길을 끈다. 비엔나 분리파 양식의 집들과 바로크풍과 베네치아풍의 건물들이 도심 곳곳에 섞여 있는 것을 볼 수 있다. 프레세렌 광장에 위치한 전형적인 바로크양식의 실내를 가지고 있는 프란체스코 수태고지교회, 류블랴나 대학의 본관건물, 류블랴나 성당을 포함해 이 건물들은 유럽의 어느 유명한 대도시들보다도 더욱 유럽의 역사를 잘 발현하고 있다.

이러한 유적들 외에도 길을 따라 나 있는 나무들과 공원들과 도시를 둘러싸고 있는 자연경관들은 류블랴나의 극장이나 오페라공연장과 같은 문화시설들에 덧붙여 세련된 삶의 질을 제공한다. 햇살이 눈부신 여름날 혹은 해 질 녘에 강가를 걷는 것은 이 도시의 오랜 역사와 활기찬 현대의 삶 모두를 느끼게 해준다. 류블랴나에는 슬로베니아의 정체성을 이루는 다양한 요소들이 공존한다. 그로 인해 알프스와 발칸 반도, 그리고 지중해 지역의 특징이 고루 섞여 있는 독특한 분위기를 만들어낸다.

두 얼굴을 가진 도시, 피란

류블랴나를 지나 남쪽으로 가면 슬로베니아는 더욱 전형적인 지중해 풍경으로 변한다. 남부의 카르스트 지역은 동굴 지대로 유명하다. 그중 슈코치안 동굴은 기념비적인 크기와 아름다움으로 인해 1986년에 유네스코의 세계 문화·자연유산으로 지정됐다. 선사시대와 역사시대의 자취는 예로부터 인간이 이 지역의 동굴들에 끊임없는 관심을 갖고 있었다는 사실을 증명한다. 동굴로 들어가는 거대한 입구들은 고딕 성당만큼이나 크다. 동굴 속의 점적석 기둥과 호수 그리고 믿을 수 없을 정도로 깊고 넓은 심연을 갖춘 이 동굴들은 시간이 정지한 듯한 느낌을 주는 웅장하고 신비로운 분위기를 연출한다.

아드리아 해에 위치한 역사적인 도시 피란의 시내 전경(사진 출처 : photographer Guido Radig)

슬로베니아의 해안선은 비록 짧지만 아드리아 해를 중심으로 펼쳐지는 지중해 지역의 모든 특성을 보여준다. 가장 아름다운 장소는 의심할 여지없이 피란이다.

피란은 아드리아 해에 근접한 육지의 좁은 후미에 위치한 작은 마을이다. 도시의 입지와 함께 바로크풍과 특색 있는 베네치아풍의 건물들이 들어서 있는 도심은 피란을 지중해 지역 어디에서도 찾아볼 수 없는 독특한 장소로 만들고 있다.

피란의 중심지 타르티니 광장은 피란 출신의 유명한 작곡가인 주세페 타르티니의 이름을 따서 지었다. 도시를 둘러싼 인상적인 베네치아풍의 벽들도 마찬가지로 중세와 르네상스 시대에 피란이 부와 권력을 지닌 도시였음을 입증한다.

이러한 자연 환경과 역사적 도시들은 슬로베니아의 자연적 경계 내에서 이루어진 지중해와 지중해에 인접한 알프스 지역의 접합을 보여주고 있다. 역사적인 도시와 유적지들은 중부유럽의 풍부하고도 변화무쌍한 역사의 생생한 기록물들이다. 중부 유럽과 동부 유럽의 국가들을 연결하며 발전된 구조를 보여주는 지역과 장소들은 그리 많지 않다. 슬로베니아는 이러한 지역 중의 하나라는 점에서 분명히 한 번쯤 가볼 만한 가치가 있는 곳이다.

철기시대 초기의 슬로베니아

슬로베니아는 단연코 고고학 연구가 가장 뛰어난 유럽 국가 중의 하나다. 슬로베니아 고고학의 주제는 주로 기원전 8~9세기에 시작된 철기시대이다. 로마가 아직 작은 마을에 불과하고 그리스 식민도시들이 이제 막 세워지고 있던 이때에 슬로베니아는 알프스 북부와 북동부 지역에 막대한 영향력을 끼치며 두각을 나타내기 시작했다.

청동기에서 철기로의 변화는 막대한 발전을 가져왔다. 슬로베니아 사람들은 철이라 불리는 이 새롭고 희귀한 광물을 값진 물품으로 여겼고 소유 능력을 과시하기 위해 옷과 장신구를 철로 만들었다. 그러나 곧 이들은 철이 급속히 부식돼 값진 장신구들의 표면이 볼품없이 되는 것을 알게 됐다. 이에 다시금 청동으로 장신구를 만들기로 결정했다. 하지만 이로 인해 철이 깨지기 쉬운 청동보다 훨씬 더 유연하고 강하다는 것을 알게 되어 계속해서 철은 무기와 도구들의 재료로 사용됐다. 이러한 시행착오는 오늘날 고고학자들에게 있어서는 일종의 행운이다. 당대의 고고학적 유물들을 연대별로 맞출 수 있는 근거가 되기 때문이다.

기원전 6세기 슬로베니아 바세(Vace)의 청동 그릇에 사용된 문양. 첫째 줄은 기마병과 마차 운전병들의 행렬이다. 이들의 갑옷과 투구의 차이는 사회적 지위의 차이를 보여준다. 두 번째 줄은 당시 '심포지엄'이라 불렸던 술 마시는 의식과 역도 경기의 모습이다. 경기 참가자들은 값비싼 헬멧으로 된 트로피를 차지하고자 나체로 경기를 벌였다. 세 번째 줄은 영양을 보이는 동물들인데 맨 왼쪽에 그려진 사냥개가 잡아 온 것으로 보인다.

당시 슬로베니아의 뛰어난 광물 기술은 전사들이 입는 무구(武具)에서 보이는 축제행렬, 운동경기, 전차 경주, 제사의식 등의 묘사에서 잘 드러난다. 이는 슬로베니아인들이 이탈리아 중부의 에트루리아 문화 및 초기 그리스 문화와 밀접했음을 보여준다. 후기에는 기원전 7세기에 파노니아 평야를 침입해 알프스 북동부 지역의 정착지 여럿을 파괴한 기마유목민족의 영향을 받았다. 전통 복장과 무기, 장례의식을 보면, 슬로베니아는 흑해 북부의 강력한 부족들과 우호적 관계를 유지했던 것으로 보인다. 부족 간 결혼과 귀중품의 교환은 이들의 매장 풍습이었다. 이는 이 새로운 막강한 이웃을 달래는 방편으로 사용된 것이다. 이러한 상황은 일반적으로 켈트족이라 추정되는 새로운 문화적 영향력을 가진 종족이 알프스 남동부 지역에 나타날 때까지 거의 이백 년간 지속됐다.

◇◇

중동의 파리, 베이루트

이슬람의 심장과 기독교의 피부를 가진 도시

✤

베이루트는 지중해의 동쪽 끝인 레바논의 수도이며 지리적으로 동지중해와 아라비아 반도 내륙의 국가들이 지중해로 진출하기 위한 출구에 위치하고 있다. 또한 기독교 문명권과 이슬람 문명권의 접점에 위치하고 있어 유럽과 아랍 국가들을 연결해주는 이음새이기도 하다.

레바논의 척추에 해당하며 동지중해 지역의 대표적인 농경지역인 베카(Beka) 계곡의 비옥한 토지는 올리브, 밀, 옥수수, 면화 등의 생산지였기 때문에 고대부터 동지중해 국가들의 탐욕의 대상이기도 했다. 레바논의 원주민에 해당하는 페니키아인들은 베이루트와 시돈 항 등을 통해 레바논의 특산품인 백양목을 이집트 등지로 수출했고, 백양목을 이용해 건조한 튼튼한 배와 뛰어난 항해술을 바탕으로 지중해 전체의 해상 무역을 장악하고 로마를 위협하는 거대한 해상 왕국을 건설하기도 했다.

이러한 지리적 특징과 풍부한 자원으로 인해 레바논은 고대부터 교역의 중심지로서 거대한 부를 축적했다. 레바논의 조상인 페니키아는 국력이 강성할 때는 지중해를 호령한 해상 강국으로서 번영을 누리기도 했지만, 국력이 허약할 때는 외세의 침입과 식민 지배를 경험하기도 했다.

교역의 중심지 된 해상왕국

숱한 외세의 침입과 지배로 인해 레바논은 페니키아인, 그리스인, 아르메니아인과 아랍인 등의 다양한 인종으로 구성된 혼혈 국가가 되었고, 그 결과 지중해의 거의 모든 문명이 공존하고 있는 다문화·다층적 사회 구조를 갖고 있는 국가가 됐다.

다양한 인종, 종교, 이념, 언어 및 현대와 전통이 함께 어울려 대립과 공존을 거듭하고 있는 복합적인 성격의 모자이크 국가의 정체성을 갖고 있는 레바논은 고대 페니키아의 뼈대와 아랍·이슬람의 심장을 갖고서 유럽·기독교의 피부를 가지고 있는 혼종(hybridity) 국가라 하겠다. 이런 혼종 국가의 성격은 레바논 사회의 곳곳에서 찾아볼 수 있다.

다른 아랍 국가에서는 감히 상상도 할 수 없는 비키니 차림의 젊은 아가씨들이 자신의 몸매를 자랑하는 미인 대회를 온몸을 부르카로 감싼 아랍 여인이 구경하고 있는 나라가 레바논이다. 노출이 심한 옷을 입은 여성들과 히잡을 쓴 여성이 함께 카푸치노를 마시며 오후의 여유를 즐기고 있는 노천 카페 옆에 개인 화기로 중무장한 군인이 경계를 서고 있는 모습이 한눈에 들어오는 도시가 베이루트다. 베이루트를 처음 방문한 여행자를 다소 혼란스럽게 만드는 장면이다.

베이루트의 무분별한 전후 재건 사업은 베이루트에 '영혼 없는 도시'란 오명을 주었다. 1970년대 이후 계속된 내전으로 베이루트의 대부분의 건물들이 파괴되자 서방 세계의 도움으로 도시 재건작업이 시작되었다. 오스만 터키 시대와 프랑스 식민 시대의 건축물들이 복구되었지만, 이들 건축물들은 파괴된 채 복구되지 못한 주변과 어색한 동거를 하고 있다. 재건된 베이루트 신시가지와 파괴된 채 남아있는 주변 지역이 베이루트의 현주소를 적나라하게 보여주고 있는 것 같다.

현재 레바논은 시리아와 이스라엘 간 전쟁의 전장이 되고 있으며 각종 테러와 크고 작은 사건들이 끊이지 않고 일어나지만, 정작 그 속에 살고 있는 베이루트인들은 이러한 혼란에 대해 무감각한 것 같다(북한 핵의 위협에 이제는 다소 무감각해진 우리와 묘한 동질감을 느끼기도 한다). 전쟁의 징후가 있으면 어디서나 나타나는 대탈출의 행렬도 볼 수 없고, 식료품 등을 사재기하는 모습도 볼 수 없다. 카페에서 들리는 베이루트인들의 대화는 정치나 시국에 관한 것이 아니라, 지난 휴가에 대한 기억과 다가오는 여름 휴가를 위한 정보 교환이 대부분이다.

베이루트에 사는 필자의 한 지인은 베이루트 사람들은 결혼하면 집을 장만하는 것이 관심이 아니라 어떤 자동차를 살 것인가 하는 것과 다음 휴가 계획에 더 큰 관심을 보인다고 귀띔해준다.

베이루트인들의 낙천성과 함께, 베이루트는 '중동의 파리'로 불리며 오래전부터 중동의 패션과 문화산업의 중심지로 발전했다. 자유로운 사회 분위기가 반영되어 중동의 음반과 패션 산업을 주도하고 있고, 레바논 요리는 중동뿐만 아니라 세계적으로 호평을 받고 있다.

베이루트의 학문적 잠재력도 무시할 수 없다. 지중해변에 위치한 베이루트 아메리칸대학교(American University in Beirut)는 지구상에서 가장 아름다운 대학으로 칭찬받고 있지만, 이 대학의 진정한 자랑은 아름다운 캠퍼스가 아니라, 현재 활동 중인 아랍 외교관들의 상당 수가 이 대학 출신이라는 점이다. 또한 아랍의 대표적인 문인인 칼릴 지브란(Kahlil Gibran, 1883~1931)이 영면에 든 마지막 안식처도 베이루 트 근처의 베카 계곡에 있다.

베이루트는 중동과 서방 지역에서 찾아오는 관광객들로 붐비는 주요 관광지이기도 하다. 고대 신석기 시대의 유물부터 그리스, 로 마, 비잔틴, 이슬람, 오스만 터키 등 인류의 주요 문명들의 유산을 보 존하고 있는 베이루트는 세계문화유산으로서의 자격과 가치를 충분 히 갖추고 있다.

베이루트 시내 중심의 나즈마(Najmah) 광장의 시계탑(Ottoan) 앞에 서면 유럽의 자유와 아랍의 절제, 문화의 융성과 전쟁의 피폐를 한눈 에 볼 수 있다. 여행자에겐 큰 행운이다. 거대한 이슬람사원과 교회 가 나란히 서 있는 모습도 기독교와 이슬람이 갈등 관계에 있다고만 생각하는 이방인에게는 낯선 풍경이다.

평화롭게 이어진 베이루트의 해변(cornishe)을 걷다 보면 지중해 바 다에 개선문처럼 당당하게 서 있는 '비둘기 바위'를 마주하게 된다. 비둘기 바위 주변의 강태공과 한가로이 산책을 즐기는 베이루트인들 의 모습을 보고 있노라면 이 도시가 테러와 전쟁의 위협에 직면하고 있는 도시라는 생각은 들지 않는다.

정치적·사회적 혼란에도 불구하고, 베이루트 시민들이 보여주는 개방적인 사고와 활기찬 삶의 에너지, 외국인에 대한 친절함과 당당 함(다소 뻔뻔해 보이기도 하는)은 베이루트의 가장 큰 매력이자 장점 중 의 한 가지다. 거리에서 만나는 베이루트 시민들은 활기차고 밝으

베이루트 시내에 나란히 붙어있는 교회와 모스크의 전경(사진 출처 : 위키커먼스)

며 외국인에게는 아랍인 특유의 친절함을 아끼지 않는다. 아랍어가 아닌 프랑스어 '봉쥬르(bonjour)'라고 눈인사를 건네며 말을 붙여 오는 베이루트인은 얄팍한 상인의 꿍꿍이를 감추고 있지만 겉으로 나타나는 모습은 사뭇 온화하고 친절하다. 그 어디서도 전쟁과 테러로 인한 공포를 발견하기는 쉽지 않다.

베이루트의 아름다운 자연 경관보다 베이루트인들의 활기차고 당당한 모습이 더 오랫동안 기억에 남는 것은 베이루트를 방문했던 이들의 공통의 기억인 것 같다. 이러한 베이루트인들의 동적인 에너지는 베이루트를 전 세계에서 가장 생동감 있는 10대 도시 중의 하나로 선정하게 했다(2009, Lonely Planet).

베이루트인들의 에너지와 여유는 타고난 낙천성인지 아니면 현실에 대한 과감한 무관심인지 이방인으로서는 가늠하기 쉽지 않다. 다만 역사상 가장 위대한 상인들을 조상으로 둔 후손들의 현실적인 감각과 계속되는 전쟁으로 인한 피로감이 오늘날 베이루트인들의 의식을 지배하고 있지 않나 하는 생각이 언뜻 스쳤다.

도보로 반나절이면 도시의 거의 모든 곳을 둘러볼 수 있는 곳이 베이루트이지만, 이 작은 공간에 자연의 축복, 인간의 창조적 의지와 함께 인간의 탐욕과 욕망을 모두 느낄 수 있어 여행자의 마음을 무겁게 하는 도시가 베이루트이기도 하다.

레바논의 소수 집단 드루즈(Druze)

이슬람의 한 종파인 드루즈(Druze)파는 레바논, 시리아, 요르단과 이스라엘뿐만 아니라, 북미, 남미, 유럽과 서아프리카에 분포해 있으며 교도 수는 전 세계에 1백만이 넘는 것으로 추정된다. 이들은 대부분 각 지역에서 소수 집단으로 남아 있으며 레바논과 동지중해 지역에서만 일정 부분 정치적·사회적 세력을 형성하고 있다.

'드루즈(Druze)'란 이름은 이 교파의 창시자인 투르크 출신의 알 다라지(Muhammad bin Ismail Nashtakin ad-Darazi, 1018년 사망)의 이름에서 유래된 것으로, 그는 이슬람 쉬아파의 한 종파인 이스마일파의 이맘이었다.

드루즈파는 이집트에 있었던 파티마조의 제6대 칼리파인 하킴(Al-Hakim, 1021년 사망)을 신격화해 천상은 하킴이 관장하고 지상은 이맘이 관장한다고 믿고 있다. 드루즈파는 하킴을 보편적 지성을 지닌 메시아로 간주하며 심판의 날에 부활하여 돌아올 것이라 믿고 있다.

베이루트 동남쪽 샤
우프 산에 위치한
예언자 욥의 신전

이들은 다른 집단과의 교류를 거부한 채 산악 지역에 공동체를 이루고 은거하는 영지주의(gnosticism)를 고수하고 있으며 '히크마(Al-Hikma, 지혜)'라고 불리는 그들만의 경전을 갖고 있다. 이들은 이슬람에서 요구하는 절대적 신앙 행위인 5주도 실천하지 않으며 율법에 얽매이기보다는 극단적인 금욕주의에 치중하는 경향을 보이고 있다. 이러한 드루즈의 특성으로 인해 순니 이슬람에서는 드루즈파를 이단으로 간주하고 있다.

마론파 기독교도를 견제하기 위한 오스만 터키 정부의 정책에 따라 드루즈에게 일정 한도의 자치를 허용한 것이 레바논에서 드루즈가 정치 세력화될 수 있었던 가장 큰 동기이며, 이들은 소수 집단임에도 불구하고 레바논이라는 모자이크 국가의 한 축을 담당하고 있다.

지중해의 분단국가 키프로스

184km의 분단선을 지우기 위한 네 가지 과제

✣

　지중해에서 시칠리아, 사르데냐에 이어 세 번째로 큰 섬인 키프로스는 그 전략적 중요성과 동서교역의 중개지라는 이유로 인해 고래로부터 여러 국가들 사이에서 점유를 위한 투쟁의 각축장이 돼왔다. 이로 인해 1960년 독립을 쟁취할 때까지 미케아, 히타이트, 이집트, 페니키아, 페르시아, 마케도니아, 로마, 비잔틴, 베네치아, 오스만투르크, 영국 등의 지배를 받아왔다. 1960년 키프로스공화국의 성립으로 82년간에 걸친 영국의 식민지배는 종식됐지만 독립 후 헌법시행을 둘러싼 그리스계 주민과 터키계 주민의 대립으로 독립 초부터 여러 문제가 노정되기 시작했다. 그 결과, 키프로스는 양계 주민 간의 내전으로 1964년 제1차 키프로스 사태, 1967년 제2차 키프로스 사태를 맞이하게 됐다. 이상의 사태는 UN 및 국제사회의 노력으로 해결됐지만, 종국에는 1974년 발생한 제3차 사태로 키프로스는 분단국으로 전락하고 말았다.

세계 유일의 분단수도, 니코시아

1974년 그리스 군사정권의 지원을 받은 그리스계 키프로스 민족주의자들이 키프로스 섬을 그리스에 병합시키고자 쿠데타를 일으켰다. 이에 터키는 1960년 키프로스공화국 성립 시 체결된 보증조약(Treaty of Guarantee)에 근거해 자국민 보호라는 명목하에 키프로스를 침공해 섬의 약 37%를 점령하면서 북부지역에 터키계 국가를 성립시켰다. 이후 키프로스는 분단된 이후, 약 40년 동안 분단 상태를 유지해오고 있다. 현재 수도 니코시아는 세계 유일의 분단수도로 기능하고 있는데 남북으로 양분돼 남키프로스공화국과 북키프로스 터키공화국 두 나라의 수도로 나누어져 있다. 높이 4m의 벽과 철조망으로 총 길이 184km의 분단선이 설치돼 있고, 남북 간의 분단선 내부는 유엔평화유지군(UNFINCYP)이 관할하는 지역으로 그 폭이 최소 3.5m, 최대 약 7km의 완충지역인 그린라인이 존재하고 있다.

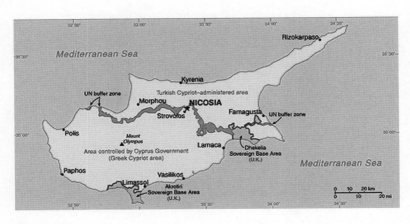

키프로스 지도

키프로스의 수도 니코시아 전경

분단 이후 통일을 위한 여러 방안들이 제시됐지만 키프로스 내의 그리스계, 터키계 주민과 이들 배후에서 후견인 역할을 하고 있는 그리스, 터키정부의 견해차로 큰 성과를 거두지 못했다. 하지만 2003년 2월 26일, 코피 아난 전(前) UN 사무총장이 남북키프로스와 보장국 가단(그리스, 터키, 영국)에 제출한 '키프로스 문제의 포괄적 해결에 관한 합의를 위한 기초(Basis for Agreement on a Comprehensive Settlement of the Cyprus Problem)'라는 제목의 통일방안을 제출하였는데, 이는 역대 안중에서 가장 건설적인 통일방안으로 평가되고 있다. 물론 남북의 견해차로 키프로스의 통일은 달성되지 못했지만 앞으로도 본 통일방안을 바탕으로 키프로스 남북 간 통일협상이 진행될 것으로 전망되고 있다.

본 통일방안은 창설협정(Foundation Agreement)으로 구체화되는데,

북부 니모시아의 고대 여인숙 Buyuk Han의 전경(사진 출처 : 위키커먼스)

이는 키프로스통일헌법과 연방법률, 연방정부와 구성주 간의 협력 협정, 키프로스연방공화국에 구속력이 미치는 국제조약, 영토에 관한 합의, 1963년 이후에 발생한 사유의 영향을 받는 재산의 처리, 화해위원회, 임시 대법원과 임시 중앙은행의 설치 등 연방공화국 설립과 이에 부속되는 법률을 규정하고 있으며, 이를 일괄적으로 남북 키프로스 각각의 독립적인 주민투표에 동시에 회부해 그 결정에 따를 것을 전제로 하고 있다. 이후 UN의 권고로 통일방안에 대한 주민투표가 2004년 4월 24일 실시됐다. 남부 키프로스와 북부 키프로스에서 별도로 실시된 국민투표 결과, 남부에서 반대 75.8%, 찬성 24.2% 북부에서는 64.9%가 찬성, 35.1%가 반대표를 던진 것으로 집계됐다. 투표율도 남부가 88%, 북부가 87%를 기록함으로써 유권자들의 높은 관심이 표명됐지만 본 통일방안은 부결되고 말았다. 그 결과 동년

5월 1일 남키프로스가 단독으로 EU에 가입함으로써 남북 간의 통일 협상은 사실상 종료되고 말았다.

그러나 2008년 2월 24일 남키프로스의 대선 결과, 남북통일을 강조해 온 디미트리스 크리스토피아스가 남키프로스의 새로운 대통령으로 당선되면서 남북 간의 통일협상은 새로운 전기를 맞이하게 됐다. 북키프로스의 경우도 2005년 민족주의 성격이 강한 강경파인 덴크타쉬가 물러나고 온건파인 메흐메트 알리 탈라트가 집권하게 됐다. 2008년 3월 21일 키프로스 남북정상회담은 통일의 물꼬를 틀 수 있는 역사적 회담이었다고 평가된다.

부결되고 만 통일방안

하지만 필자가 보기에 키프로스의 통일을 낙관하기는 어렵다. 왜냐하면 통일협상에 장애가 되는 남북 간의 중요쟁점사항이 존재하기 때문이다. 첫째는 통일국가의 형태에 있다. 이 문제는 통일협상 진행과정에 있어 남북 간에 입장차이가 가장 컸던 핵심 쟁점사항으로 앞으로 전개될 협상과정에서 중요변수로 작용할 것이다. 둘째는 재산권 반환문제다. 그리스계 측은 1974년 터키의 군사개입으로 인해 재산권을 상실하고 강제로 이주당한 주민들에게 원래의 재산을 반환받을 권리를 인정해줄 것을 요구했고, 터키계 측은 원칙적으로 현재의 재산권 상태를 그대로 인정해야 한다고 주장했다. 셋째는 소수자 보호에 관한 문제다. 북키프로스 터키공화국에 거주하고 있는 그리스계 주민들의 인권보호와 남키프로스공화국에 거주하고 있는 터키계 주민들의 인권보호는 물론, 키프로스 전역에 거주하고 있는 마론파 교도 등 소수민족의 기본적 권리, 특히 문화적, 종교적 권리에 대한 보호가 주요한 쟁점이 되고 있다.

마지막 넷째는 실종자 처리문제다. 1964년 그리스계 주민과 터키계 주민들의 유혈충돌을 시작으로 1974년 터키의 군사개입 이후 수많은 주민들이 희생됐으며, 현재까지 사망자나 실종자의 구체적인 숫자도 규명되지 않은 상태다. 특히 남측은 1974년 터키의 군사개입으로 인해 키프로스 주민의 총 4분의 1에 해당하는 약 20만 명의 그리스계 주민들이 자신들의 거주지로부터 강제로 이주했으며, 현재까지 약 1천 500여 명의 그리스계 주민들이 실종됐다고 밝히고 있으며, 이들에 대한 보상을 강력히 요구하고 있다.

통일국가의 바람직한 형태는?

이 문제는 통일협상 진행과정에 있어 키프로스 남북이 첨예하게 대립하고 있는 핵심 쟁점사항으로, 앞으로 전개될 협상과정에서 결정적 변수로 작용할 것이 분명하다. 그리스계 측은 연방제 통일국가에 대해 찬성하면서 기본적으로 하나의 시민권이 인정되고 하나의 주권을 갖는 통일국가로서, 국제사회에서 단일한 국가로 대표되는 단일한 국가 공동체 구성을 주장해왔다. 통일국가를 구성하는 각 구성주는 단일한 국가 공동체 내의 두 지역에 존재하는 두 개의 공동체 사회로서 통일국가 내부적으로만 정치적으로 동등한 지위를 가질 뿐이며, 단일한 국가공동체가 국가주권을 갖고 국제법적 주체가 된다는 것이다.

한편 터키계 측은 국제적으로는 통일국가가 단일한 법인격을 가지되, 두 개의 주권국가가 존재한다는 것을 인정해 그 주권은 각 구성국가가 독립적으로 갖는 국가형태를 선호하고 있다. 따라서 일반적 의미의 연방국가라기보다는 연합(Confederation) 형식의 통일국가를 전제로 해 각 구성주는 독립된 법적지위를 가지고 상호 독자성을 유지해야 한다고 주장하고 있다. 이와 더불어 국가주권에 관해서도 각 구성주가 독립적인 주권을 가지며 이와 분리된 새로운 통일국가가 주권을 갖는 것을 반대하고 있다. 만약 새로운 통일국가에 주권을 부여하게 된다면 어느 일방의 구성주가 다른 구성주를 지배하게 될 우려가 있으므로 각 구성주의 독립국가성을 보장해야 한다는 것이다.

숨겨진 장밋빛 도시, 그 베일을 걷다

페트라

❖

지중해 지역에는 많은 도시유적이 남아 있다. 폼페이의 도시유적, 카르타고의 도시 터 등을 들 수 있다. 이들에 대한 발굴이 진행돼 각 도시가 번영을 구가하던 시절의 규모와 문화, 타 지역과의 교류 정도를 조금이나마 파악할 수 있게 됐다.

페트라는 고대 나바테아 왕국의 중심 도시로, 현재 요르단의 수도인 암만에서 262km 정도 떨어진 남서부 내륙 사막지대에 위치한 도시유적이다. 페트라는 이집트, 아라비아 반도, 페니키아 등의 교차지점에 위치해 사막 대상로(隊商路)의 중심에 위치한 지리적 이점으로 번영을 누렸던 대상무역 도시였다. 좁은 진입로와 협곡으로 둘러싸인 바위산을 따라 조성된 페트라의 건물들은 대부분 붉은 사암 덩어리로 이뤄진 암벽을 파서 건설됐다. 페트라는 기원후 2세기경 로마 제국에 점령당해 점차 쇠퇴하게 된다. 게다가 6세기경 발생한 지진으로 폐허가 돼 외부 세계와 단절된 채 '사라진 도시'로 남게 됐다.

이후 페트라는 1812년 스위스의 탐험가 요한 루드비히 부르크하르트(Johan Ludwig Burckhardt)에 의해 발견돼 세상에 다시금 알려지게 됐다. 이를 계기로 영국과 미국, 프랑스, 스위스, 독일, 핀란드 등의 발굴단이 구성돼 페트라에 대한 조직적인 발굴지원을 분담했다. 1985년에는 유네스코 세계문화유산으로 지정돼 세계인의 곁으로 돌아올 수 있었다.

나바테아인들과 복합운송 시스템

나바테아인들은 셈족의 일원으로 알려져 있으며 기원전 7세기~기원전 2세기경까지는 아라비아 반도의 북서부를 중심으로 활약한 것으로 전해진다. 나바테아 왕국은 페트라를 수도로 정하고 홍해와 시나이 반도 그리고 다마스쿠스까지 영향력을 미치게 됐다. 당시 아라비아 반도는 서쪽으로는 이집트, 동쪽으로는 메소포타미아 문명이 교차하는 문명교류의 교차점이었다. 나바테아인들은 아덴, 바스라, 아카바 등 아라비아 반도 각지에 위치한 항구로부터 하역된 물류를 육상 또는 해상을 통해 지중해에 위치한 알렉산드리아, 가자, 시돈 등의 항구로 이동시켰던 주역이었다. 멀리 인도와 중국에서 시작돼 아라비아 해의 남쪽과 동쪽에서 집하된 물류를 복합적인 운송방식으로 지중해를 통해 유럽으로 연결시켰던 것이다. 오늘날까지 아라비아 반도와 지중해 연안에는 나바테아인들이 건설한 중간 기착지 역할을 했던 도시들의 유적이 남아 있는데 이 중 하나가 바로 페트라다.

페트라는 홍해와 지중해를 잇는 중간 기착지였고 나바테아인들은 이곳에 도시를 건설했다. 대상무역으로 쌓은 막대한 부를 지키기 위해서일까? 페트라는 사막과 가파른 협곡에 둘러싸여 위치해 있다. 또한 페트라로 들어서기 위해서는 입구는 좁은 통로인 시크(سيق, 수

페트라의 알 카즈네 - 사원 또는 나바테아 왕의 무덤으로 추정된다.
(사진 출처 : *thebookoftravel.com*)

직통로, 수갱)을 지나야 한다. 시크는 좁은 곳은 폭이 2m 정도이고, 높이는 약 80m 정도의 협곡으로 이뤄져 있다. 협곡의 양측에는 물을 끌어들이는 수로가 만들어져 있다. 입구 외부에 댐을 만들어 물을 저장한 후 이 물을 수로로 이끌어 도시로 공급하는 시스템이다. 나바테아인들은 무역 외에도 관개와 수리에 능했다.

좁은 협곡 사이로 언뜻언뜻 보이는 하늘을 바라보며 1.2km 정도를 걷다 보면 아랍어로 보물창고란 뜻을 가진 알 카즈네(الخزنة)를 대면하게 된다. 그리스의 건축의 영향을 받은 알 카즈네는 사원 또는 나바테아 왕의 무덤으로 추정되며 페트라의 랜드마크라 할 만큼 완벽하게 보존돼 있다. 페트라의 여느 건물들과 마찬가지로 알 카즈네

페트라의 협곡에 있는 알 데이라 사원

는 암벽을 파내고 깎아 만들어진 독특한 건축물이다. 알 카즈네를 지나 길 오른편으로는 바위에 구멍을 뚫어 만든 거대한 무덤군이 위치하고 있다. 도시의 중심으로 들어서면 왼편으로 나바테아 극장이 위치하고 있다. 이 원형극장은 기원후 첫 번째 세기에 만든 것으로 추정된다. 관중석은 높이가 2.23m부터 시작되며, 반경이 95m에 달한다. 45개의 열로 구성된 객석은 총 7천 명에서 1만 명까지의 관중을 수용할 수 있다고 한다. 원형극장을 지나면 대로가 나타나고 열주(列柱)가 세워져 있다. 페트라는 그리스어(Πέτρα)로 바위, 돌의 뜻을 가지고 있다. 알 카즈네와 협곡 정상에 위치한 알데이르 사원은 그리스 양식으로 만들어졌으며 로마식 열주는 로마의 지배 이후 세워졌다. 이렇듯 페트라는 나바테아 문명을 바탕으로 여러 문명의 특색이 융화된 융합의 상징으로 남게 됐다.

융합 문화공간을 찾아가는 길

페트라에는 20개가 넘는 유적지가 공개되고 있다. 이들 유적은 발굴이 완료된 일부이며 아직도 발굴이 진행 중에 있다. 발굴된 대부분의 유적지는 하루 정도의 코스로 볼 수 있지만 더위와 체력적 한계를 요구한다. 페트라의 유적을 여유 있게 보고, 옛 사람의 정취를 느끼려면 적어도 이틀을 잡아야 할 것이다. 페트라의 사암은 햇빛의 각도에 따라 색이 변한다. 알 데이르 사원은 석양에 보는 것이 아름답고, 알 카즈네는 아침 햇살에 그 아름다움이 배가된다. 전날 오후 페트라에 도착해 숙소를 정하고 석양의 알 데이르 사원을 관람한 후, 협곡 위에서 주변을 바라보면 바위산과 사막이 끝없이 펼쳐져 있다. 아라비아 반도를 거쳐 페트라로 향하는 대상의 행렬이 보이는 듯하다. 매주 월요일과 수요일, 목요일에는 야간투어가 있다. 입구로부터 촘촘히 시크를 밝히는 촛불을 따라가면 각종 조명으로 장식된 알 카즈네 사원을 만나게 된다. 밤하늘의 별과 함께 페트라의 밤을 보내고 이튿날 아침 일찍 페트라를 또 다시 방문해본다. 아침 햇살을 머금은 바위들은 묘한 빛을 발산한다. 지중해의 항구로 길을 나서는 나바테아인이 되어 페트라를 뒤로한다. 좁은 시크를 다니는 말을 이용한다면 영화 〈인디아나 존스〉의 마지막 장면이 연상될 것이다.

페트라를 떠난 대상들은 네게브 사막의 맘쉬트(Mamshit), 아브다트(Avdat), 쉬브타(Shivta), 할루자(Haluza) 등 나바테아인들이 건설한 도시들을 거쳐 지중해로 향하거나 암만을 경유해 다마스쿠스에 이르는 경로를 이용했다. 육상운송에는 '사막을 항해하는 배'인 낙타가 주로 사용됐다. 페트라는 동서무역의 중심지로 발전을 하며 문명교류의 접경지 역할을 해왔다. 기원후 첫 세기, 로마가 이 지역을 그들의 세력하에 두고 도로를 건설해 새로운 무역로를 개척하자 페트라는 점차 쇠퇴하게 돼 역사의 뒤안길로 사라져버리고 만다.

페트라는 1985년 유네스코에 의해 세계문화유산으로 지정됐으며, 2007년에는 세계 7대 불가사의 중 하나로 선정됐다. 2010년에는 약 90만 명, 2013년에는 약 60만 명의 공식 입장객이 이곳을 방문했다. 무역의 중심지로서의 역할은 오래전 반납했지만, 페트라는 세계 도처에서 온 사람들에게 소통과 문화 교류의 장을 제공하고 있다.

눈 내린 2월의 '요르단'을 아십니까?

페트라를 처음 방문한 것은 1993년 2월이었다. 요르단은 우리의 생각과는 달리, 2월경에 눈이 많이 내린다. 페트라는 고지대에 위치해 있기에 고속도로에서 벗어나 페트라로 향하는 길은 우리의 대관령을 연상케 한다. 당시택시를 이용했는데 눈이 쌓이기 시작했다. 아랍의 택시답게 오래된 택시는당연히 스노타이어가 장착돼 있지 않았고 이내 고립되고 말았다. 대책이 있느냐는 질문에 택시기사는 연신 "인쉬 알라(모든 것은 신의 뜻이다)"로 일관한다. 당시 가장 먼저 든 생각은 '요르단에서 폭설로 고립돼 잘못됐다면 믿을사람이 과연 있을까?'였다. 2시간여를 추위에 떨었을까? 월동 장비를 갖춘믿음직한 순찰차가 와서 우리를 구조했다. 페트라 초입의 허름한 숙소에서는 불쌍한 이방인에게 뜨거운 국을 무료로 대접했다. 이후 어느 곳의 수프를먹어보아도 이때의 맛을 능가하지는 못했다.

2008년 방문 때다. 역시 2월이었고 눈은 오지 않았다. 이번에는 렌터카를 이용했다. 요르단의 사막도로는 매우 단조롭고 지루하다. 대부분 직선이고 사방은 푸름이 없는 온통 사막색이다. 암만으로 올라오는 길, 교통경찰이 길가에서 '정지' 푯말을 보내는 것 같았으나 지나치고 말았다. 잠시 후 다른 경찰이 차를 세웠다. 신분증 제시 요구도 없이, 요르단 교통경찰이 건넨 말에 나는 놀라고 말았다. "당신은 아무 문제없다. 단지 2시간 이상 휴식 없이 운전한 것으로 보인다. 좋은 곳을 보고 왔으니, 휴게소에 들러 차 한잔하시고 안전하게 가시라."

비잔틴 건축의 총화 이스탄불의 '아야 소피아 대성당'

"오, 솔로몬이여. 내가 당신을 능가했습니다!"

✤

성 소피아 대성당의 원명은 하기아 소피아(Hagia Sofia, 거룩한 지혜)이고 현지 터키어로는 아야 소피아(Aya Sofya)라고 불린다. 여기서 소피아(Sofia)라는 이름은 기독교에서 이단으로 규정한 초기 동방기독교의 영지주의(Gnosticism)에서 인간을 구원하는 역할을 주관하는 존재로서의 하느님 어머니를 지칭하는 말이다.

이 성당은 오랜 시일이 경과됐음에도 그 원형을 유지하고 있다는 점에서 세계 건축학상 7대 불가사의 중 하나로 꼽히고 있으며 1520년 세빌리야 대성당(Cathedral of Seville)이 완성될 때까지 거의 1천 년동안 세계에서 가장 큰 성당이었다.

지금의 건축물은 세 번째로 축조된 건물로 비잔틴제국의 유스티니아누스 1세(Justinianus I, 재위 527~565)의 명에 따라 기원후 532년에 축조를 시작해서 5년 만인 537년에 완성됐다. 원래 소피아 대성당은 콘스탄티누스(Constantinus, 재위 306~337) 황제가 콘스탄티노플로 수도를 옮긴 후 360년에 나무 지붕의 작은 교회로 지어졌으나, 404년 알카디우스(Arcadius, 재위 395~408) 황제 때 화재로 소실됐다. 테오

아야 소피아의 전경

도시우스 2세(Theodosius Ⅱ, 재위 408~450) 치세인 415년에 이르러서야 두 번째 성 소피아 대성당이 완공됐다. 그러나 이 성당도 유스티니아누스 황제 때 일어난 니카(Nika)의 반란으로 다시 파괴되고 말았다.

화재와 정변 속에 세워진 당대 최고의 교회

니카의 반란은 532년 비잔틴제국의 수도 콘스탄티노플(현재의 이스탄불)을 무정부 상태로 빠뜨렸던 반란이다. 즉위 이전의 유스티니아누스 1세는 그의 정치적·종교적 정책을 지지하는 민중그룹인 청파(factio veneta)를 보호하고 녹파(factio prasina)와 대립했지만, 제위에 오르자 정치적 압력과 부담으로 여겨진 당파행위를 탄압하게 됐다. 532년 1월 10일 대경기장에서 청·녹파 간에 싸움이 벌어져 처형자가 나왔는데, 황제에게 감형을 요구한 탄원이 받아들여지지 않게 되자 경기가 끝난 뒤 양파가 합류해 '니카(승리)'를 구호로 외치며 거리로 몰려나와 불을 지르기 시작했다. 이 소란에 편승해 반(反) 황제파의 원로원 의원들은 이전의 황제 아나스타시우스 1세(Anastasius I, 재위 491~518)의 조카인 히파티오스(Hypatius)를 새 황제로 옹립했다. 유스티니아누스 황제는 난을 피해 트라키아로 가려고 했으나, 왕비 테오도라의 간언으로 생각을 바꾸고 반 황제파를 급습해 난을 진압했는데 이 과정에서 성당은 소실되고 말았다.

그 잔해 위에 유스티니아누스 황제는 황제의 권위와 교회의 영광에 걸맞은 새로운 성당을 세우기로 결정하고 건축가 안테미우스(Anthemius)와 수학자 이시도르(Isidore)를 성당 축조에 참여시켰다. 이들은 황제의 명령에 따라 로마의 구석구석에서 재료를 조달해왔다.

이 건축에 동원된 장인은 100여 명, 노동자는 1만 명이 넘었으며 황금 90톤의 비용을 들여 건축했다고 한다. 처음 성 소피아 성당이 완성됐을 때의 높이는 55m였다. 그러나 축조된 지 얼마 안 돼 성당 중앙의 돔이 지진에 의해 무너지게 됐다. 이후 보수공사로 돔의 높이가 조금 더 높아져 55.6m가 됐고 오늘날까지 그 높이를 유지하고 있다.

당시 유스티니아누스 황제는 당대에 현존하는 최고의 교회를 짓기 원했기 때문에 귀중한 건축자재를 제국의 여러 지역에서 동원했다. 녹색 대리석 기둥은 고대의 7대 불가사의로 알려진 에베소의 아르테미스 신전에서 가져온 것이다.

성당은 축조한 지 5년 10개월 만에 완성돼 537년 12월 7일에 헌당식을 거행했다. 헌당식에 참여한 유스티니아누스 황제는 성당 내부의 화려함을 보고 "오, 솔로몬이여. 내가 당신을 능가했습니다!"라고 소리쳤다고 전한다.

또한 이 성당의 화려함에 대해 유스티니아누스 황제의 궁중시인인 파울루스(Paulus)는 소피아 대성당에 대해 다음과 같이 묘사했다.

"동쪽의 반원과 서쪽의 반원에 의해 형성되는 성당의 중심부 주변에는 네 개의 힘찬 석재 피어(pier)가 서 있으며, 이들로부터 거대한 아치가 무지개의 여신 아이리스(Iris)의 활처럼 솟아오르고 있다. 이 아치들은 공중으로 서서히 솟으면서 서로 떨어져 나가게 되며 그 사이의 공간은 놀라운 기술로 채워지고 있다. 벽면은 아치에 접하면서 계속 펼쳐져 아치 상부에서 하나로 합쳐진다. 돔의 기단부는 거대한 아치에 고정돼 있으며, 이 돔은 마치 광휘에 뒤덮인 천상과도 같이 성당을 감싸고 있다."

회칠로 덮인 황금 벽화에서 오늘날 박물관이 되기까지

성당 내부의 백미는 수세기에 걸쳐 장식된 모자이크에 있는데 성모 마리아, 예수, 기독교의 성자들, 그리고 동로마제국의 황제들이 묘사돼 있다. 헌당 당시 당내에 빛나고 있었을 6세기의 모자이크는 8~9세기의 성상 파괴운동(iconoclasm) 때 없어져 버렸다. 이어 제4차 십자군 원정기간인 1204년 라틴 십자군들은 콘스탄티노플에서 약탈을 자행했는데, 비잔틴제국의 보물들뿐만 아니라 당시 성당의 황금 모자이크들도 약탈해 베네치아로 가져갔다.

1453년 콘스탄티노플을 정복한 오스만제국의 술탄 메흐메트 2세는 소피아 성당의 화려함에 무릎을 꿇고 무릎으로 기어 제단에 이르렀다고 한다. 이후 이 성당은 이슬람사원으로 개조됐다. 성당 내부의 화려한 황금 모자이크들은 이슬람의 우상숭배 금지로 인해 회칠 속에 가려지게 됐다. 하지만 17세기 이 성당을 방문했던 여행자들은 예수 이미지를 볼 수 있었다는 기록을 남겨놓았는데, 이러한 사실에 근거해보면 회칠 작업은 오랜 시간에 걸쳐 지속됐다고 보인다.

이후 1930년대 토마스 휘트모어(Thomas Whittemore)가 이끄는 미국 비잔틴연구소(Byzantine Institute) 고고학자들의 복원작업으로 오랜 시기 석회칠로 덮여 있던 모자이크 벽화가 차례로 모습을 드러내게 됐다. 1923년 10월 29일 터키 공화국 성립 후, 국부 무스타파 케말 아타튀르크(Mustafa Kemal Ataturk)는 이 성당을 1934년 인류 모두의 공동 유산인 박물관으로 지정하고 아야소피아 박물관(Ayasofya Müzesi)으로 개조해 그 안에서 기독교든 이슬람이든 종교적 행위를 일절 금지했다.

아야 소피아의 펜덴티브 돔, 비잔틴 시대의 예술적 역학 건축물

아야 소피아 회당의 내부 공간은 초기 기독교회당에서 볼 수 있는 기하학적이며 정적인 공간이 아니다. 높이 솟아 있는 반구형의 중앙 돔은 그 밑에 늘어서 있는 40개의 광색들로 말미암아 드높이 떠 있는 것 같은 환상적인 분위기를 느끼게 한다. 광선과 아름다운 색들로 충만하고도 장엄한 종교적 예배공간을 연출함으로써 물리적 공간의 한계를 초월해서 신비한 천상의 세계를 상징하고 있다.

펜덴티브 구조로 지어진 아야 소피아의 돔 내부

이로 인해 소피아 사원을 밖에서 바라볼 때는 천오백 년 세월을 견뎌온 바위 같은 견고함이 느껴지지만 주 출입구에 서서 돔 천장을 바라다보면 마치 돔 전체가 공중에 온전히 떠 있는 것 같은 신비한 느낌을 받게 된다. 이러한 부상효과는 아래의 회랑이 어둠에 잠겨 있음으로 인해 생기는 빛의 대비 때문에 생긴다. 돔에 뚫린 40개의 창으로부터 들어오는 자연광이 빚어내는 절묘한 빛의 조화를 통해 떠받쳐 주는 지주라곤 전혀 없이 돔은 마치 공중에 붕 떠 있는 것처럼 보인다.

아야 소피아의 돔은 펜덴티브 구조법으로 완성됐다. 이 구조법은 로마처럼 석재가 풍부하지 못한 지역, 그리고 기존의 돔 구조법으로는 로마의 판테온 같은 평면밖에 만들 수 없다는 문제점을 동시에 해결하기 위해서 만들어졌다. 펜덴티브형 돔은 판테온처럼 돔의 가장자리와 접하는 부분을 아치

(arch)로 만들면서 내부공간을 좀 더 자유롭게 한 형태 아치에서 발전된 것이다. 즉 이 형태 아치의 모서리 부분을 안쪽으로 내쌓기하면서 구면 세모꼴로 만들면 돔의 하중이 이곳으로 전달되면서 네모꼴 평면이 만들어지는 것이다.

성 소피아의 거대한 펜덴티브 돔은 직경이 32m이며 바닥으로부터 꼭대기까지의 높이는 거의 54m에 달한다. 펜덴티브 돔은 성 소피아 대성당에서 처음 기념비적 규모로 사용되고 나서 곧 비잔틴 건축의 기본 특징이 됐다. 훗날 서유럽 건축에도 사용되면서 성 소피아 대성당의 기묘한 역학적 처리는 동방과 서방의 과거와 미래를 종합한 건축물로 인정받게 됐다.

터키의 명상 춤 '세마(Sema)'

신비주의 사상가 '루미' 숭모에서 비롯 …

❧

　지난 2007년 유네스코는 터키가 배출한 한 중세 사상가를 올해의 인물로 선정했다. 그가 바로 탄생 800주년을 맞은, 용서와 낮춤의 가르침으로 세상을 깨우친 인류의 대스승 메블라나 잘랄레틴 루미(Mevlana Jalaleddin Rumi, 1207~1273)다. 그로부터 유래된 것은 비단 사상적인 측면만 있는 것이 아니다. 명상 춤 '세마(Sema)'는 일명 메블라나(Mevlana)라고도 부르는데, 터키의 대표 무형문화재 중의 하나다. 이 명상 춤은 터키의 위대한 이슬람 신비주의(Sufism) 사상가 메블라나 잘랄레틴 루미의 사상을 추종하는 종교의식에서 비롯됐다.

　그가 활동하던 13세기 중엽 중동 지역은 십자군 전쟁과 몽골 침략이라는 역사적 격변으로 민중들은 좌절하고, 삶의 기반이 초토화되고 있었다. 그때 루미는 진정한 영적 지도자로서 갈 길을 잃은 백성들을 품어 안고, 적게 먹고 적게 마시며 아무렇게나 옷을 걸치고 기존의 권위와 형식에 맞섰다. 그의 주변에는 암울한 시대를 헤쳐 나가려는 추종자들과 제자들이 모여들었으며 명상과 기도를 통해 다양한 방식으로 이슬람 본질에 다가가려 했다.

　주지하는 바와 같이 아랍어로 기술된 알라의 말씀인 꾸란(코란)은

메블라나 잘랄레틴 루미

비 아랍권인 터키와 이란을 거치면서 민중들에게는 너무나 어려운 경전이 돼버렸다. 더욱이 오해와 왜곡을 막기 위해 다른 외국어로 꾸란 번역을 금지하자 이슬람은 아랍 중심의 지배자와 엘리트 계층만을 위한 신앙적 도구로 전락해가고 있었다. 이에 메블라나 루미는 꾸란에 대한 깊은 이해 없이도 누구나 일정한 영적 수련을 통해 신의 영역에 들 수 있는 새로운 길을 열어줬다. 세마라는 독특한 회전 춤을 통해 누구든지 신의 의지를 경험하고 궁극적으로는 신과 일체감을 이루면서 이슬람의 오묘한 진리를 체득할 수 있다는 믿음이었다.

그의 사상은 민중들에게 대단한 반향을 불러일으켰으며 지구촌 전역에 커다란 영적 영향력을 끼쳤다. 무엇보다 토착종교와 관습들을 존중한 그의 사상은 공존과 상생에 기초하고 있었다. 그리스 철학과 과학적 방식들이 도입되고, 다양한 신앙과 토착 관습들이 존중됐다. 그는 관용과 상생이라는 두 축으로 이슬람을 재해석해 그의 넓디넓은 이슬람 신비주의의 자락 속으로 인류를 품어 안았다. 심지어 비(非)무슬림 이교도들이나 무신론자들에게까지 구원의 손길을 펼쳐 인류 공동체가 상호존중과 화해를 통해 함께 사는 진정한 지혜를 제시했는데 특히 용서와 관용을 강조했다.

메블라나의 철학 사상에서 가장 기본적인 사고는, 신이란 우주 안에 들어갈 수 없을 정도로 커다란 존재이지만 사람의 마음에는 들어갈 수 있다는 것이다. 머리보다 마음을 더 중요하게 여기며 "오라! 네가 누구든지. 무신론자든지. 불을 숭배하는 자든 백 번이나 너의 맹세를 깨었어도 어느 누구든지 오라!"고 외쳤다. 메블라나는 "학자들은 빵을 한 바구니 들고 있는 자와 같다. 그러나 한 사람이 빵을 최대한 얼마나 먹을 수 있겠는가?"라고 하면서, 학자들의 지식을 높게 사지 않았다. 메블라나는 당시 콧대 높은 학자들과는 달리 평민들에게 많은 관심과 애정을 가지고 있었고, 당대의 학자들이 추종할 수 없는 깊은 사상 철학체계로 후대에 영향을 끼친 터키인의 자랑스러운 인물로 평가된다.

"오라, 오라! 믿는 자도, 믿지 않는 자도 불을 섬기는 자도, 뱀을

콘야에 위치한 메블라나 박물관 전경

섬기는 자도 다 내게 오라. 내가 너희를 품어 안으리라. 용서하라, 용서하라, 일백 번이고 용서하라. 인간은 용서할 수밖에 없나니, 용서하지 않을 권한은 다만 신의 영역이거늘….""지구상에 얼마나 많은 사람들이 있느냐. 그들이 알라에게 다가가는 길도 그만큼 많을 수밖에….."

그의 이러한 종교관은 독선과 종교적 도그마를 뛰어넘는 놀라운 포용력이고 종교적 관용이다. 루미의 상생의 리더십과 포용의 이슬람 정신은 아랍의 경계를 넘어 세계로 퍼져갔고, 다른 종교와 서로 섞이고 공생하면서 오늘날 비아랍 세계에 단단한 뿌리를 내렸다. 그의 가르침은 종교를 뛰어넘는 사랑이었고, 인류 모두에게 존경을 받았다. 1273년 루미가 서거하자 무슬림뿐만 아니라 기독교, 유대교, 힌두교, 불교, 조로아스터교 신자들이 40일간이나 되는 장례에 모두 하나같이 애도하고 참여했다는 일화는 진정한 지도자의 덕목을 잘 보여준다.

그의 사상과 낮은 곳으로 향한 사랑은 유럽 지성세계에도 큰 영향을 끼쳤는데 16세기 르네상스 인문주의자 데시데리우스, 종교개혁가 마르틴 루터, 17세기 화가 렘브란트, 18세기 작곡가 베토벤, 19세기 대문호 괴테 등도 직·간접으로 루미 사상에 영향을 받은 유럽 지성들이었다. 그는 자기와 다른 생각, 다른 모습을 가진 사람들을 이해하고 끌어안음으로써 세상을 바꾸고자 했으며 그로 인해 중앙아시아는 물론 동남아시아, 인도, 북아프리카 등지에 이슬람이 대중적 종교로 뿌리를 내리는 계기가 됐다.

바로 이러한 메블라나의 사상을 추종하는 종교의식에는 세마라고 불리는 명상 춤이 있다. 이것은 이슬람의 신비주의자들이 전통적으로 행하는 의식으로서 우주의 신과 융합하는 의식이다. 영적으로 간절히 사모하는 마음으로 명상 춤을 추면서 무아지경에 빠지게 된다. 춤을 추는 사람들을 세마젠(Semazen)이라고 부르는데 이들은 흰색의 긴 치마를 입고 위에는 수의를 뜻하는 흰색 저고리를 입고 그 위에 무덤을 상징하는 검은 망토를 입

터키의 명상 춤 세마(사진 출처 : 위키피디아)

는다. 세마젠들이 머리에 쓰는 갈색이나 흰색인 뾰족한 모자는 묘비를 의미한다. 셰이히(Şeyh)는 메블라나의 사상을 지상에서 추종하는 사람으로 머리에 터번을 쓴다.

명상 춤의 시작은 함께 기도를 한 후 네이(터키 피리)를 불기 시작하면서 시작된다. 이 춤은 피리와 북소리에 맞춰 터키어로 된 수피 노래인 일라히(İlahi)라는 찬송을 부르며 디크르(Dhikr, 알라를 염원하는 명상 기도)를 준비한다. 디크르가 시작됨과 동시에 두터운 긴치마를 입은 세마젠들이 1시간에 가깝게 쉬지 않고 거의 제자리에서 회전 춤을 춘다. 그 절정의 순간에 정신적 스승인 셰이히가 춤추는 사람들 사이에 모습을 드러내 갈대로 만든 피리 네이를 부는 것으로 끝이 난다. 네이 소리는 신에 대한 그리움을 나타낸다고 한다. 세마젠들은 먼저 셰이히의 손에 입맞춤을 한다. 그 후 우주를 향하는 여행객처럼 천천히 몸을 움직이기 시작한다. 우주를 향하는 춤 여행은, 먼저 무

덤에서 나와서 우주의 신에 대해 의식이 준비됐음을 알리기 위해 망토를 벗는 것에서 시작한다. 명상 춤은 한 손을 위로 향하고, 또 다른 한 손은 아래로 향하는데 이것은 신으로부터 받은 축복을 세상 사람들에게 널리 전하겠다는 뜻을 표현하는 것이다.

명상 춤은 처음에는 천천히 돌기 시작한다. 그러다가 차츰차츰 더 빨리 돌기 시작한다. 빠른 물살이 깊은 웅덩이를 만들 듯이 빠른 회전을 통해 우주의 신에게 더 가까이 다가갈 수 있다고 보는 사상의 표현이다. 메블라나의 사상은 분명 정통적인 이슬람 사상과는 사뭇 다르다. 그럼에도 불구하고 오늘날 터키인들은 메블라나의 사상에 깊은 매력을 느끼고 있다. 매년 12월이면 콘야(Konya)에서 메블라나 축제가 열린다. 이때, 우주의 신과 깊은 만남을 열망하는 메블라나 추종자들의 숙련된 춤을 관람할 수 있다.

이슬람 신비주의, 수피즘

이슬람 신비주의(Sufism)는 이슬람교도들이 신과의 체험을 통해 신의 사랑을 직접 찾으려는 믿음과 관행의 한 측면이다. 수피(Sufi)라는 용어는 아랍어로 양털이라는 뜻의 'suf'에서 유래된 말로 초기 이슬람 수도자들이 양털로 된 옷을 입고 다닌 데서 나왔다. 이 수도자들은 아랍어로 파키르(faqir), 페르시아어로 데르비시(dervish)로 알려졌는데 그 뜻은 가난한 사람을 의미한다.

이슬람 신비주의는 발전과정에 따라 몇 가지 단계로 나뉜다. 첫째는 초기

금욕주의 단계, 둘째는 신과의 사랑을 찬미하는 고전적 단계, 그리고 셋째로는 수피들의 형제적 우호관계를 다짐하는 종단의 단계로 나뉜다.

하지만 이러한 구분과 관계없이 이슬람 신비주의의 역사는 신비주의자 개인의 신비적 체험에 크게 의존한다. 이슬람 문학에 끼친 수피 사상의 가장 큰 공헌은 아랍어 · 페르시아어 · 터키어로 지어진 매력적인 서정시다.

수피의 대표적인 예배양식이 바로 명상기도라는 의미를 지닌 디크르(dhikr)이다. 끊임없이 연속적으로 알라를 염원하며 암송하는 기도법을 말한다. 마치 불교에서 면벽수행을 통해 도를 얻는 것에 비유할 수 있다. 이 디크르 방법에 따라 다양한 수피계의 여러 종단들로 나눠진다.

5

이국적인 신세계,
북아프리카
이슬람 문명

유럽과 아프리카를 소통하는 도시, 탕헤르

추방과 박해의 항구, 용서와 포용의 공간이 되다

❧

이 도시의 명칭은 아랍어로는 '딴좌(ﻃﻨﺠﺔ)', 프랑스어로는 '탕제 (Tanger)'이지만, 오늘날의 '탕헤르(Tánger)'는 과거 스페인식 이름이 널리 알려졌기 때문이다. 지중해와 대서양이 만나는 지브롤터 해협에 위치한 탕헤르는 선사시대 이후 수많은 민족의 침입으로 외부세력과 원주민의 두 문화가 조화를 이뤄 그들만의 고유한 문화를 형성하고 있다. 무역 항구 도시인 탕헤르는 고대 페니키아인들의 무역거점으로 처음 알려졌다가 카르타고의 정착지가 되기도 했다. 또한 로마의 지배가 종식된 이후에도 반달족, 비잔틴, 그리고 아랍·이슬람의 지배를 받는다. 8세기 초부터 시작된 아랍·이슬람왕조의 지배는 15세기 말까지 계속된다. 이 지배 세력이 북아프리카의 원주민이었던 베르베르인들과 힘을 합쳐 서고트족이 지배하고 있던 피레네 산맥 이남의 이베리아 반도를 점령하여 이슬람 왕조의 시대를 연다. 그리하여 중세 유럽이 잠자고 있을 때 찬란한 중세 이슬람 문명의 역사는 스페인 땅에서 꽃을 피우기 시작한다.

그 후 이베리아 반도의 페르난도 국왕과 이사벨 여왕에 의한 레콩키스타(Reconquista)로 스페인 땅의 아랍·이슬람인들은 다시 모로코로 후퇴한다. 이러한 정복과 후퇴의 역사 속에서 항구도시 탕헤르는 문명 교차로의 이미지로 지중해 제해권의 교체 역사를 형성한다. 아프리카의 관문도시인 탕헤르는 지중해와 대서양이 만나는 문명의 교차로에 위치한 전략적 요충지이다.

두 바다와 두 대륙 그리고 두 개의 문명이 만나는 이곳은 열강의 각축장으로 15세기 말에서 17세기 중엽까지 스페인과 포르투갈의 지배를 받으며 영국의 지배하에서는 방대한 요새들이 건설되기도 했다. 1684년에는 모로코에 반환됐지만 1923년에 국제공동관리 도시로 공인돼 영국, 프랑스, 스페인, 포르투갈, 이탈리아, 벨기에 대표들로 구성된 연합위원회의 통치를 받는 국제공동관리지역으로 전락했다. 하지만, 결국에는 1956년에 독립한 모로코에 귀속되었다. 탕헤르는 유사 이래 20여 개 열강의 통치를 받아 세계에서 가장 번화하고 이색적인 도시문화를 꽃피웠지만, 지금은 유럽과 아프리카를 연결하는 쇠잔한 도시의 모습으로 남아 있다.

아랍세계의 다른 도시들처럼 탕헤르에도 술탄의 왕궁과 대사원이 있다. 탕헤르의 카스바는 비록 지금은 낡고 허물어져가는 모습이지만, 시시각각으로 변하는 찬란한 수채화 같은 저녁노을은 지난한 역사의 가을처럼 스산하다. 아름답고 화려했던 술탄의 왕궁은 17세기 술탄 물레이 이스마일이 머물던 다르 알 마크잔 왕궁으로, 지금은 주인의 옛정을 잊은 채 이곳을 찾는 많은 사람들에게 모로코의 미술작품들을 감상할 수 있는 공간으로 활용되고 있다. 내부는 목재를 모자이크처럼 사용한 채색 천장, 오아시스를 실내로 옮겨놓은 두 개의 정원, 하얀 대리석 분수, 아라베스크 디자인과 벽면 조각, 실내 장식 등에서 아랍·이슬람 예술의 특색이 자연스럽게 아름다움을 뽐내고

탕헤르에 위치한 메디나 지역의 전경(사진 출처 : 위키피디아 커먼스)

있다. 대사원은 17세기 술탄 물레이 이스마일에 의해 건립됐는데, 이후 포르투갈의 성당으로 사용되다가 후일 앵글리칸교회를 거쳐 지금은 그랜드 모스크의 위용을 뽐내고 있다.

　수많은 여행가와 모험가들이 이색적이고 아름다웠던 이 항구도시 탕헤르를 찾았고, 그들 중 이 도시 출신으로 명성이 자자했던 중세 아랍의 여행가인 이븐 바투타가 있다. 그는 탕헤르에서 시작해 중국까지 30여 년에 걸쳐 약 11만여km를 여행한 후에 그 대기록을 『리흘라: 이븐 바투타 여행기』에 남겼다. 이븐 바투타는 인류에게 세계의 다양성과 다른 가치의 중요성을 알렸기에 중세의 또 다른 유명 여행가인 마르코 폴로보다 더 위대하다고 평가받고 있다. 그 외에도 유명한 화가나 작가 그리고 배우들이 이곳에 와서 그들의 작품 속에 탕헤르의 이국적인 모습을 담아내기도 했다. 화가인 외젠 들라크루아와 앙리 마티스, 미국 소설가 윌리엄 버로스와 폴 보올, 시인 앨런 긴 즈버그 같은 사람들이 이 도시에서 살았거나 머물렀으며, 미국의 유명작가였던 마크 트웨인은 1867년 증기선을 타고 탕헤르에 와서 그가 본 탕헤르와 모로코에 대한 이야기를 신문에 연재해 유명인사가 되기도 했다.

당시 마크 트웨인이 묘사한 탕헤르의 집들은 1층이나 2층 규모로 직물상자처럼 바닥에서 꼭대기까지 평평한 성냥갑 형태로 회반죽으로 칠해진 모습으로 메디나(medinah)에서나 찾아볼 수 있다. 그와 반대로 프랑스 분위기로 건설된 신도시에는 고층건물들이 해안선을 따라 빼곡히 들어서 있다. 메디나 거리는 모로코의 다른 도시들처럼 좁은 미로로 연결돼 있다. 이러한 메디나의 미로 같은 좁은 골목은 제임스 본드 〈007〉 시리즈의 영화와 〈본 얼티메이텀〉에서 주인공이 건너편 건물로 뛰어넘던 장면으로 기억된다.

이 도시는 국제도시로 마약 밀매와 매춘, 인신매매 등이 성행했었고 이슬람 사회에서 쉽게 볼 수 없는 게이들도 자유롭게 활보하는 곳으로 소문이 나서 마약과 밀입국을 소재로 한 유럽 영화의 단골 배경이 되기도 한다.

프랑스 감독 앙드레 테시네의 작품인 〈루앙(Loin)〉에서는 두 젊은 이의 인생 이야기를 그려내기 위한 배경으로도 등장한다. 탕헤르는 문학작품에서도 등장했는데, 미국 작가 폴 보올이 탕헤르에서 살았던 경험을 토대로 해 쓴 베스트셀러 소설이 영화화된 〈마지막 사랑〉의 무대이기도 하다.

그리고 브라질 작가인 파울로 코엘료가 쓴 소설 『연금술사』에서도 배경도시로 등장한다. 이 소설은 한 명의 양치기 소년이 보물을 찾아 여행을 떠났지만 여행 첫날 항구도시 탕헤르에서 자신의 돈을 몽땅 도둑을 맞고 여행비용을 마련하기 위해 한 가게에서 점원으로 일을 시작한다는 줄거리이다.

다양한 문화적 배경을 가지고 있는 탕헤르는 현대 중동지역의 난제로 남아 있는 이스라엘과 팔레스타인 문제 해결에 시사점을 던져 주는 장소이기도 하다. 1492년 이베리아 반도에서 페르난도와 이사벨에 의해 추방된 유대인들이 개종과 학살을 피해 지브롤터 해협을 건너 맨 처음 디딘 곳이 바로 이슬람의 땅인 탕헤르였다. 이것이 모로코 땅에 유대인 사회가 뿌리내리는 계기가 됐다. 1979년 체결된 캠프 데이비드 협정으로 이스라엘과 이집트가 평화협정을 맺게 한 것도, 아랍 국가로서는 최초로 이스라엘 수상을 자국 영토로 불러들인 것도 모로코였다.

스페인의 알헤시라스는 "탕헤르는 지브롤터 해협을 사이에 두고 지중해와 대서양을 공유하면서도 추방과 박해의 항구이자 용서와 포용의 항구였다"라고 말하기도 한다. 이렇듯 고대부터 현재까지 많은 이민족 침입의 역사를 가진 탕헤르는 다양한 문화가 잘 어울려진 특색 있는 이국적인 도시로, 베르베르인과 아랍인이 만나 만들어놓은 모로코 문화를 또 다른 시각으로 접할 수 있어 많은 이방인들의 발길을 잡고 있다.

통곡의 바다로 변한 지중해

지중해가 아프리카 출신 불법 이민자들의 무덤으로 전락하고 있다. 특히 내전과 정정 불안에 시달리는 시리아, 소말리아, 에리트리아인들이 지중해를 통한 불법 이민에 대거 나서고 있으나 성공치 못하고 거센 풍랑의 바다에 희생되고 있다.

세우타의 성벽. 한없이 투명한 에메랄드빛 바다가 시간을 정지시키고 있다.(사진 출처 : 위키피디아 커먼스)

196

유엔난민기구(UNHCR)에 따르면 1988년부터 현재까지 불법 이민을 시도하다 죽은 아프리카인이 약 2만여 명이며, 바다에서 실종된 이들은 이 통계에 포함되지 않았다고 한다. 프란치스코 교황은 이러한 비극 앞에서 "주님, 자비를 베푸소서. 너무 자주 안락한 삶에 눈이 멀어 우리 집 문 앞에서 죽어가는 이들을 묵도하기를 거부하고 있습니다"라고 말했다.

아프리카의 난민들은 모로코를 거쳐 스페인으로, 알제리와 리비아를 거쳐 지중해를 통해 이탈리아와 그리스로, 발칸을 통해 불가리아 등 유럽으로 밀입국하려고 한다. 스페인은 모로코의 스페인령인 멜리야와 세우타에 난민들의 불법입국을 방지하기 위해 철조망과 헬리콥터를 동원해 경비를 강화하고 있다.

한편 유럽의회는 국경경비체계인 유로수르(Eurosur)를 새롭게 도입해 난민들의 진입을 차단할 예정이다. 경제위기에 직면한 유럽에게는 아프리카인들의 불법입국은 사회불안으로 확산될 소지를 가지고 있다. 하지만 지금의 현실은 이민자들의 반감도, 이에 대한 명쾌한 해법도 제시하지 못하고 있다.

문명교류의 첨단, 알렉산드리아

이집트 문명의 꽃, 헬레니즘과 이슬람 문화를 피우다

❧

그리스의 역사학자 헤로도토스는 "이집트는 나일 강의 선물이다"라고 말했다. 나일 강의 범람과 이를 극복하려는 노력으로 이집트의 문명이 이룩될 수 있었다는 것이다. 알렉산드리아가 위치한 나일 삼각주상의 하 이집트(Lower Egypt)는 나일 강 상류에 위치한 상 이집트(Upper Egypt)에 비해 비옥한 토양으로 농사가 수월한 곡창지대이다.

알렉산드리아는 수도인 카이로에서 북으로 약 180km 정도 떨어진 이집트 제2의 도시이며 지중해에 위치한 항구도시다. 지중해성 기후로 휴양지, 관광지로 유명하고 해안에는 유럽식 건물들이 늘어서 있다.

정복왕의 이름으로 문명의 융합을 이루다

알렉산드리아라는 도시명은 마케도니아 출신의 알렉산더 대왕의 이름에서 나왔다. 알렉산더가 이끄는 그리스 연합군은 기원전 334년 동방원정을 시작한다. 알렉산더는 정복한 지역에 자신의 이름을 붙여 여러 도시들을 형성했는데, 가장 유명한 도시가 현재 이집트의 알렉산드리아이다. 알렉산드리아는 현지어로 알 이스칸다리야(الإسكندرية, al-iskandarīyah)이며 흔히 알렉스라고 불리기도 한다.

알렉산드리아는 이후 프톨레마이오스 왕조가 통치하는 이집트의 수도가 되어 헬레니즘 시대의 문화·경제의 중심으로 발전하게 된다. 헬레니즘 문명은 정복에 의한 문명 융합의 결과로 그리스 문화와 동방의 여러 문화가 서로 어우러져 새로운 문화 트렌드를 형성한 사례이다.

전쟁이나 정복에 의한 문명의 충돌 또는 교류현상은 교역 등에 의한 문화교류보다 그 영향이 강하고 결합도가 높다. 우리가 사는 현대에 비해 교통기반이 열악해 소통의 기회가 적었던 당시에는 전쟁과 정복을 통한 이민족과 이문화의 교류가 가장 영향력이 큰 소통의 기회였다.

알렉산드리아에는 이러한 소통의 결과물들이 많이 남아 있다. 프톨레마이오스 왕조 때 만들어진 파로스 등대는 지중해를 오가는 문화의 교류를 밝히는 빛이 되었고, 알렉산드리아 도서관은 수많은 석학과 예술가를 초빙하여 학술 및 예술, 과학, 문학 발전을 융성하게 했다. 현재 등대와 도서관은 유실됐으나 그 자리에는 알렉산드리아 항을 지키는 카이트 베이 요새와 현대식으로 신축된 알렉산드리아 도서관이 그 명성을 지키고 있다. 이후 알렉산드리아는 무역항으로서도 번영하게 됐다. 인도·아라비아·아프리카의 산물과 이집트의 국내산물을 비롯해 각종 문화코드를 지중해를 통해 각지에 보내는 문화 수출항으로서 자리매김하게 된다.

로마제국은 카르타고를 꺾고 서부 지중해의 패권을 잡게 되자 동부 지중해로 세력을 확장시켰다. 알렉산드리아는 로마가 이집트로

카이트 베이 요새

진출하는 통로가 됐다. 율리우스 카이사르와 안토니우스, 옥타비아
누스가 클레오파트라를 만나러 발을 디딘 곳이 알렉산드리아 항구
였다. 이후 로마제국의 문화와 이집트 문화가 알렉산드리아를 통해
새로운 문화로 탄생하게 됐다.

　알렉산드리아에는 기독교가 공인받기 전 기독교도들이 박해를 피
해 은거하던 카타콤베 유적이 남아 있는 곳이기도 하다. 기원후 1~2
세기경 만들어진 지하 분묘는 로마 양식으로 지어졌으며 지하 3층까
지 남아 있다. 나선형 계단을 내려가면 예배당, 석관이 놓인 무덤 등
이 보존돼 새로운 종교문화가 탄생하던 당시의 환경을 보여주고 있
다. 7세기 이후 알렉산드리아는 아라비아 반도에서 발흥한 이슬람의
영향하에 놓이게 된다. 이집트의 고유문화 토양 위에 헬레니즘 로마
문명을 접목하여 새로운 문화를 일궈낸 알렉산드리아는 이슬람이라

200

는 종교문화를 받아들여 또 다른 문화 트렌드를 창출하게 된다.

16세기 이후 오스만 터키의 지배를 거쳐, 18세기 나폴레옹의 이집트 진출, 그리고 영국의 식민지 진출의 교두보가 된 곳이 바로 알렉산드리아였다. 알렉산드리아는 또다시 문명의 용광로가 된다. 유럽의 근대사상과 문물이 이곳을 통해 이집트에 진출하여, 이집트 지식인들의 민족주의 사상을 고취시켰다. 이 시기 알렉산드리아는 유럽의 영향으로 근대도시로 발전하게 된다. 유럽식 도시계획이 이뤄져 유럽풍 건물이 들어서게 됐으며 항구도 확충됐다.

물자와 인력의 교류가 다량으로 빈번하게 이루어진 결과, 이집트는 급격히 변화하기 시작했고 급기야 개혁주의자들과 전통주의자 간의 갈등을 겪게 된다. 이러한 문화적 혼란기 속에서 유럽식 근대 군사교육을 받은 나세르는 유럽식 근대국가의 개념을 받아들여 혁명을 일으켰다. 나세르의 혁명은 이집트 역사상 최초로 국가의 권력을 왕조에서 평민에게 돌려놓은 전환점이었다. 이후 이집트는 근대국가의 기틀을 가지고 세계무대에 동참하게 됐다.

문명교류의 교두보

지중해를 둘러싼 여러 현대식 항구들의 개발과 항공교통의 발전으로 알렉산드리아는 항구로서의 중요성을 점차 잃게 됐다. 수에즈 운하의 개통으로 물류의 중심이 포트사이드(Port Said)로 옮겨 가게 됐다. 하지만 이집트를 방문하는 여행객들은 포트사이드보다 알렉산드리아를 더 선호한다. 지중해 크루즈도 알렉산드리아 항구에 정박해 폼페이우스의 기둥, 카타콤베, 몬타자 궁전 등지에 관광객을 내려놓는다. 알렉산드리아가 지닌 여러 가지 문화 콘텐츠들이 그 이유일 것이다. 관광객들과 현지인들의 인적 교류가 시작된다. 물건 흥정과 볼거리, 먹거리에 대한 거래와 각종 정보 교환이 이뤄진다. 전쟁과 같은 다이나믹스를 가진 교류는 아닐지라도 이러한 소소한 교류활동은 이천 년 전, 지중해를 둘러싼 이민족, 이문화 간의 교류와 대동소이할 것이다.

서로 간 소통할 수 있는 공용어와 지불 수단 등은 중요하지 않다. 이들은 그리 길지 않은 교류를 통해 상호 간의 이질감을 떠나 서로를 이해하고 많은 것을 느낄 수 있기 때문이다. 그들의 먼 조상들이 그리 해왔듯이, 만남이 반복될수록 그들은 익숙해질 것이다. 만남을 통해 새로운 유행이 생겨날 것이고 이는 각자의 고향으로 전파될 것이다. 이러한 만남을 위한 편리한 제도와 문화 역시 생겨날 것이다. 이곳의 역사가 그래 왔듯이….

동부 지중해에 위치한 항구라는 교통의 이점과 유럽, 아시아, 아프리카가 교차하는 지점에 위치한 알렉산드리아의 지정학적 위치는 오랜 기간 알렉산드리아를 지중해 교류의 중심지로 만들었다. 알렉산더의 이름을 딴 여러 '알렉산드리아' 중 이집트에 위치한 알렉산드리아가 아직까지 남아 있을 수 있는 이유가 바로 여기에 있는 것이다.

새롭게 탄생한 알렉산드리아 도서관

알렉산드리아 동편 해안에는 주변의 건물과는 사뭇 다른 현대식 조형물이 자리 잡고 있다. 2002년 개관한 현대 알렉산드리아 도서관이다. 헬레니즘 문명의 학문과 예술의 중심지였던 고대 알렉산드리아 도서관을 재건하고자 하는 계획이 1970년대에 수립됐고, 유네스코의 노력과 여러 아랍국가의 지원 그리고 지금은 권좌에서 물러난 무바라크 대통령의 적극적인 정책이 맺은 결과이다.

재탄생한 알렉산드리아 도서관은 독특한 양식의 건축물로도 유명하다. 건물은 떠오르는 태양을 형상화해 건축됐고 지상 6층, 지하 5층으로 모두

11개 층을 이루고 있다. 경사진 한쪽 벽면을 따라 유리창이 비스듬하게 덮여 있어 태양광이 지하층까지 다다를 수 있게 돼 있다. 도서관의 외벽에는 세계 각국의 글자들이 음각돼 있으며 '세', '월', '름' 등의 한글도 찾아볼 수 있다.

고대 알렉산드리아 도서관의 당대 규모와 위상에는 미치지 못할지라도 상당한 수준의 장서를 소장해놓았으며 박물관, 전시실, 국제회의실 등을 갖추고 있다. 멀티미디어 시설과 자료검색을 위한 인터넷이 가능하다.

이용객들은 이용료를 지불하고 철저한 가방 검색을 거친 후 검색대를 통과해야 도서관으로 입장할 수 있다. 지식이 최고의 보물로 여겨지고 지정된 인원 이외에는 공개되지 않았던, 고대 알렉산드리아 도서관에 비한다면 매우 수월한 입장이 아닐 수 없다.

예술가 마을, 시디 부 사이드

유럽 지성을 살찌운 북아프리카의 샘

✤

시디 부 사이드는 튀니지의 지중해변 언덕에 자리한 북아프리카의 예술가 마을이다. 튀니지의 개방성을 증명이라도 하듯, 북아프리카 속의 작은 유럽으로 존재하는 곳. 실제로 수많은 유럽 지성들이 이곳으로 흘러 들어와 음악과 미술, 문학과 철학을 논하곤 했다. 이들에게 시디 부 사이드는 북아프리카라고 하는 신세계로 향하는 관문 그 자체였다.

오늘날의 시디 부 사이드는 하늘, 바다 그리고 이곳의 고유한 파란 대문들이 어우러지는 곳이다. 이른바 이러한 '튀니지안 블루'는 프랑스 화가이자 음악가였던 로돌프 데를랑게르(Rodolph d'Erlanger)에 의해 1920년 즈음에 시작된 것이다. 원래 이슬람에서 파란색은 '재앙, 고통' 등을 의미해 거의 사용하지 않던 색이었다. 마을 이름인 시디 부 사이드는 12세기에 거주했던 유명한 이슬람 종교인인 '아부 사이드(Abou Said)'의 이름을 따서 지어진 명칭이다. 그를 기원하는 이슬람 사원을 비롯해 이곳 명물인 문고리들 역시 다양한 이슬람 전통 문양이다.

카페 드 나트, 유럽 지성이 모여들었던 사랑방

그럼에도 불구하고 이 마을의 대문과 창이 죄다 파란색으로 칠해지기 시작한 것은 데를랑게르가 열여섯 살에 아프리카를 여행하던 중 튀니지의 온화한 기후와 풍경에 매료됐던 것에서 비롯된다. 그는 화가가 돼 시디 부 사이드에 돌아와서는 대문과 창을 파란색으로 칠하기 시작했다. 이미 유망한 프랑스 은행가 집안의 평탄한 삶을 거부하고 난 이후였다. 이곳에서 자신의 저택을 짓고 아랍 음악과 미술에 일생을 바쳤던 데를랑게르는 쿠난이라고 하는 아랍 현악기의 맥을 잇는 연주자가 됐을 뿐 아니라, 그가 평생에 걸쳐 집필한 6권짜리 『아랍 음악의 역사(La Musique Arabe)』는 아랍 음악 연구의 방대하고도 중요한 사료로 남아 있다. 데를랑게르를 받아들인 이 작은 마을에서는 오늘날 그가 남기고 간 저택을 튀니지 국립 아랍 음악 박물관으로 사용하고 있다.

시디 부 사이드는 19세기 후반과 20세기 초에 걸친 기간 동안 유럽에서 온 화가들과 문인들로 넘쳐났다. 인상파 화가인 파울 클레는 튀니지에서 진정한 색의 의미를 발견했다고 한다. 실제로 그의 그림은 단조로운 흑갈색에 갇혀 있었지만, 시디 부 사이드에서 지내면서 빛과 색채의 향연에 의존하는 인상주의 화법으로 거듭나게 됐다. "색채가 항상 나를 지배하고 있다. 지금 행복한 시간을 누리는 것은 색채와 내가 하나가 되었기 때문이다"라는 그의 유명한 선언이 바로 이곳에서 나왔다. 클레를 비롯해 아우구스트 마케(August Macke), 이슬람 신자였던 프랑스 풍자만화가 귀스타브 앙리 조소(Gustave-Henri Jossot) 등이 활동하였던 곳이기도 하다.

명물인 파란색 대문이 보이는 시디 부 사이드의 전경(사진 출처 : 위키피디아 커먼스 photographed by Giraud Patrick)

유럽 화가들이 화폭에 담고 싶어 했던 언덕의 끝자락에는 북아프리카에 존재하는 유럽 지성들의 사랑방이었던 카페 드 나트(Cafe des Nattes)가 있다. '나트(nattes)'는 프랑스어로 돗자리나 짚을 땋는다는 뜻이다. 실제로 카페 내부는 대나무를 땋아 만든 돗자리가 정갈하게 깔려 있다. 이 안에서 신을 벗고 마루 위에 앉아서 작은 소반에 음료를 받아놓고 차를 마신다. 카페 드 나트는 이 마을 모스크의 첨탑 아래에 위치해 있으며, 여기로 걸어 올라가는 22층의 하얀 계단은 아우구스트 마케의 유명한 그림으로서 오늘날 시디 부 사이드의 대표적인 이미지로 자리 잡은 '카페 드 나트'(1914)의 배경이 됐다.

이 카페는 유럽 지성의 보물상자를 열 듯 시종 놀랍고 다양한 마주침이 이어져왔다. 앙드레 지드, 모파상, 카뮈, 콜레트, 생 텍쥐페리, 시몬 드 보부아르 들이 민트차를 마시며 예술적 영감을 길어 올리던 곳이다. 지금도 이곳에는 그들의 사인이 담긴 방명록이 남아 있다. 자주 드나들던 프랑스 문인들의 사진이 벽에 걸려 있어서 잘나가던 시절을 증명해준다.

『좁은 문』의 앙드레 지드와 『이방인』을 쓴 알베르 카뮈가 이 카페를 드나들며 영감을 얻었던 것은 우연이 아닐 것이다. 내가 본 카페 드 나트는 지중해의 연한 색과 하렘을 연상시키는 탁색의 어우러짐만으로도 어딘가 '데카당트'한 공간이었다. 그래서인지 인류 문학사상 크게 이름을 떨친 작가들이 실제로 이곳에서 많은 작품을 집필했다는 사실이 쉽게 이해된다. 19세기 아편굴의 실내장식과도 흡사한 카페에 앉은 채 창밖으로 펼쳐지는 파란 대문의 향연과 지중해에 눈을 담고 있을 때, 그들에겐 어떠한 글이 떠올랐을까. 무엇이 그토록 북아프리카의 이 작은 카페에 유럽인들을 모여들게 했을까.

아프리카의 '몽마르트르 언덕'?

시디 부 사이드는 다만 유럽인들에게 영감의 근원이 되는 이국적인 낙천성만이 가득할 뿐인 곳인가. 프랑스의 지배를 받았던 북아프리카의 역사를 뒤집어보면 조금은 다른 밑그림이 그려진다. 우선 19세기 말에 이르면 튀니지의 수도 튀니스는 휴가를 즐기는 유럽인들이 파리에 대한 향수를 달래는 코스모폴리탄의 모습을 이미 갖추고 있었다. 수도인 튀니스에서 불과 18km 떨어져 있는 시디 부 사이드는 수도보다는 더 작고 아기자기하지만, 여기저기 예술적 영감으로 가득한 곳으로서 이른바 튀니지의 '몽마르트르'가 될 수 있었다.

굽어진 골목들에는 계단이 많고 언저리 어디에선가 거리의 화가가 스케치를 하고 있을 법한 이 마을의 풍경은 아프리카라고 하기에는 어딘지 모르게 식민지 종주국으로 한동안 다스렸던 프랑스의 정취가 분명히 스며들어 있다. 그래서인지 영감을 갈망하는 유럽의 식자들에게 그리 낯선 느낌을 주지 않으면서도 이국의 자양분을 섭취할 수 있는 '안락한 신세계'가 돼줬던 것이다. 바로 이 점이 낯선 세계를 지극히 유럽적인 관점으로 바라보고 평가했던 오리엔탈리즘의 혐의로부터 자유로울 수 없는 지점이기도 하다.

시디 부 사이드는 보헤미안적인 유럽인들이 예술적 일탈을 경험하기 위해 한 번쯤 거쳐 가는 그들만의 은밀한 서식처였다. 오늘날의 시디 부 사이드는, 몽마르트르의 현재가 그러하듯 더 이상 자유를 찾는 예술가들이 숨어드는 비밀 따위는 없는 듯하다. 둘러본 거리마다 깔려 있는 오래된 돌담길은 몽마르트르의 골목처럼 단체 관광의 물결로 쉴 틈이 없어 보였다. 이 객쩍은 분주함 사이로 문화의 접경지에서만 일어날 수 있는 아프리카와 유럽의 만남과 해후가 교차하고 있었다.

1968년, 미셸 푸코 그리고 시디 부 사이드

1968년은 프랑스 사회에 문화적 지각 변동이 일어나고 새로운 생각과 감수성이 열리던 시기였다. 이른바 '프랑스 이론'이라는 사상적 흐름도 이 시기에 표출된 분위기에 힘입은 바가 컸다. 이러한 68세대의 주요 인물들 중에서 미셸 푸코(Michel Foucault)는 파리가 아닌 튀니지에서 그해 봄을 맞이하고 있었다.

　시디 부 사이드에 정착했던 유럽 지성들 중에서 누구보다도 카페 드 나트
에 단골로 드나들던 이는 미셸 푸코였다. 그의 철학은 광기와 성의 역사를
다뤘지만, 푸코는 사랑하는 연인이 튀니지로 군입대를 배정받게 되자 그를
따라 프랑스 교수직을 버리고 튀니지행을 결심할 만큼 낭만주의자이기도 했
다. 푸코는 1965년 인문과학고등교육원 부원장 임명이 좌절되자 미련 없이
튀니지로 와서 새로운 삶을 시작했다.

　튀니지 대학에서 가르쳤던 3년간 푸코는 튀니스에서의 학생운동으로 위
험에 처한 자신의 학생들을 숨겨주는 역할을 자처했다. 이들의 문서가 발각
될 위험에 처하자 당시 시디 부 사이드에 있었던 자신의 저택 정원에 묻어놓
은 것은 유명한 일화다. 대중의 정치성에 대한 튀니스에서의 직접 경험(혹은
그의 말을 빌리자면 '한계 경험')은 그가 억압과 감시의 체제에 맞서는 지식인

으로 형성되는 데 일조했음을 그
는 훗날 수차례의 인터뷰를 통해
밝히곤 했다. 그가 이 시기에 처음
으로 삭발을 감행했다는 것, 비로
소 지금의 우리가 기억하고 있는
지식인 아이콘의 모습으로 거듭
났던 것도 물론 시디 부 사이드에
서였다.

미셸 푸코

메스키타, 동서양의 결정체

천국으로 가는 도시 '코르도바'가 품은 세계 역사 유적의 비밀

✿

많은 스페인 사람들은 '안달루시아 지방'을 자신들의 '정신적인 고향' 또는 '스페인 문화의 시발점'으로 말하는 데 주저하지 않는다. 프랑스 출신의 세계적인 문인 빅토르 위고의 『노트르담 드 파리』 소설이 뮤지컬로 무대에 올려졌을 때, 여주인공 에스메랄다는 집시들의 고향인 안달루시아를 그리워하며 서글프게 읊었던 노래에서 이곳을 '보헤미안들의 안식처'로 표현했다. 이처럼, 스페인 남부에 위치한 안달루시아는 집시문화와 이슬람 잔향이 가장 진하게 남아 있는 곳이다. 행여 그곳을 스치는 자들은 마음을 빼앗기고 매료돼 쉽사리 빠져나갈 수 없음을 발견하게 된다.

안달루시아는 세비야, 그라나다, 말라가, 코르도바 등의 개성이 강한 도시들이 있다. 그 가운데 코르도바는 도시 전체에서 풍기는 은근한 매력 때문인지는 몰라도 행정 도시답게 차분한 분위기가 흐르고 있다. 이 도시는 시대를 넘나들며 때때로 문학 장르의 구분 없이 오페라, 시, 소설 등의 배경으로 자주 등장하고 있다. 몇 년 전에는 스페인의 명장인 카를로스 사우라(Carlos Saura) 감독이 다큐멘터리 영화 〈이베리아〉를 만들어 아이작 알베니즈(Isaac Albeniz)라는 음악가를

기념하고자 했다. 영화 속에서 보여준 코르도바 장면에서는 아랍 복장을 한 여자수석무용수가 얼굴윤곽이 투명하게 비춰지는 차도르로 얼굴을 가리고 이슬람 문화와 접목시킨 음악에 맞춰 플라멩코를 선보였다. 영화에 흠뻑 취하다 보면 어느새 알 안달루스(Al-Andalus, 스페인 이슬람왕국)의 역동적이면서 웅장했던 코르도바의 칼리파 시대 안으로 들어간다.

수도 마드리드의 아토차 기차역에서 시속 250km로 내달리는 아베 초고속열차를 타고 2시간 남짓 남쪽을 향해 달려가면 스페인의 동양적 정체성이 느껴지는 코르도바에 도착한다. 페니키아어로 '풍요롭고 귀한 도시'라는 의미를 지닌 'Kartuba'에서 유래하는 코르도바는 무려 8세기 동안 이슬람 문화의 영향을 많이 받은 도시로서 당시 유럽의 다른 도시들과 비교해 가장 앞선 문화를 꽃피웠던 지역이다. 한 이슬람 작가가 이 코르도바의 아름다움을 두고 '안달루시아의 신부'라고 찬양하기도 했던 이 도시에는 유네스코가 지정한 '죽기 전에 꼭 봐야할 세계 역사 유적'으로 유명한 '메스키타' 이슬람사원이 있다.

서고트 시대 말기, 왐바 가문의 요청으로 이베리아에 첫발을 들인 무어인들이 다마스쿠스에 위치한 칼리프국의 원정군 사령관 격인 에미르 체제에 머물러 있을 때만 해도 알 안달루스는 이슬람 제국의 일부에 지나지 않은 것이다. 그러다 20세 젊은 나이의 압데라만 왕자가 아바스왕조가 저지르는 대량학살과 추적을 피해 알 안달루스로 피신해온다. 그는 코르도바를 수도로 삼고 에미르라는 지방국가의 명칭을 거부하고, 전 세계에 자신의 왕조가 무함마드의 정통성을 이어간다는 자부심과 신앙심을 알리기 위해 메스키타의 건립을 추진하

하늘에서 내려다 본 메스키타(사진 출처 : 위키피디아 커먼스)

고자 한다. 이 사원을 토대로 장차 코르도바 칼리프국의 명성을 얻
고자 한 것이다.

　그 이후, 뒤를 이은 군주 압데라만 2세, 3세를 거치면서 3회에 걸
친 확장사업을 통해 신도 2만 5천여 명을 한꺼번에 수용할 수 있는
매머드급의 규모인 메스키타가 완성된다. 원래 로마인들과 서고트인
들이 세웠던 교회를 무너뜨리고 교회의 주춧돌, 기둥, 말발굽 건축양
식 등을 고스란히 이용해, 동서양이 혼합되면서도 전형적인 이슬람
사원을 만들었던 것이다. 메스키타를 통해 위상을 더 높힌 코르도바
는 동칼리프국의 바그다드 명성에 도전장을 던졌다. 코르도바는 명
실상부 서칼리프국의 수도로서 그 어느 누구도 막지 못할 만큼 그
위세가 하늘을 찌르듯 당당해진 것이다.

무아지경으로 빠져드는 '원주의 숲'

사원 내부로 들어서면 어슴푸레한 빛 속에 넓게 열린 공간이 펼쳐진다. 그 안에서 850여 개의 둥근 기둥과 붉은색, 흰색 벽돌들이 알록달록 줄무늬를 이루며 연속적으로 이어지는 광경은 모두를 황홀함에 넘치는 무아지경으로 빠져들게 한다. 기도소 역할을 하는 장소의 수평적 공간은 마치 야자나무가 우거진 숲처럼 수많은 아치들로 뒤덮여 있어 '원주의 숲' 또는 '기둥의 숲'이라는 명칭까지 갖고 있다. 이곳에서 수많은 신도들이 "알라는 위대하시다. 나는 알라 외에 신이 없음을 증언하노라"라고 메카를 향해 꾸란을 소리 높여 낭독하고 엎드려 예배드리는 모습을 상상한다면, 진정으로 알라는 위대해질 수밖에 없다.

그런데 이곳이 이슬람 사원인데 어떻게 두 눈 앞에서 전혀 다른 풍경이 펼쳐질 수 있을까. 기둥의 숲을 벗어나자마자 무어인들의 잔상이 사라져버리고 성모 마리아의 모습이 눈에 들어오는 희귀하고 황당한 일이 벌어진다. 메스키타 한복판에 르네상스 양식의 예배당이 버젓이 존재하는 사실 자체를 인정할 수밖에 없다. 메스키타가 겪어온 다채로운 역사가 말해주고 있지만, '알 안달루스의 신부'로서 그토록 아름다움을 빛내던 코르도바의 영광이 로마제국의 멸망처럼 한순간에 막을 내리기 시작한 것이다.

1212년 7월 라스 나바스 데 톨로사(las Navas de Tolosa)에서 이슬람 군대에 맞선 기독교연합군의 승리는 이슬람세력의 분열을 가속화시키는 결정적인 계기로 이끌었다. 코르도바는 힘없이 기독교군대에게 천국으로 가는 도시의 열쇠를 양도해야 되었다. 한때 11세기 초까지 당시 유럽 최고의 이슬람 도시로서 동로마제국의 콘스탄티노플에 버금가는 찬란한 문화를 누렸던 코르도바이었건만….

700여 개에 도달하던 사원과 도서관, 50여 개의 병원들, 수십 개에 이르는 대학교와 고등학교, 수백 개에 이르는 공중목욕탕의 숫자들은 당시의 코르도바가 어떠한 수준을 지닌 도시인지를 여실히 보여준다. 그러나 히셈 3세가 사망한 이후 알 안달루스는 정치적 구심점을 잃어버렸고 여러 소왕국으로 분리돼 쇠퇴의 길목에 들어선다. 기독교인들의 십자군원정에서 재정복전쟁 동안 이슬람인들은 자신들의 마지막 생존을 위해 적군인 기독교 왕국에게 비위를 맞추면서 조공을 바치는 신세로 추락해버린 것이다.

승리의 깃발을 치켜세우고 코르도바에 입장한 기독교군대는 이슬람을 상징하는 대부분의 사원들을 무차별적으로 철거하고자 했다. 코르도바의 상징물이었던 메스키타 역시 무너뜨려야 하는 대상에 올려놓고 새롭게 가톨릭 성당으로 건립하려는 계획도 세운다. 그러나 메스키타는 단순한 이슬람사원이 아닌 것이다. 그것은 이미 지역주민들의 사랑과 세계적인 명성을 한 몸에 지닌 유적이다. 정복자 페르난도 2세도 직접 눈으로 메스키타를 확인한 후 건축의 예술적인 가치를 인정한 것일까? 종교적 관용을 베풀지 않는 페르난도 왕은 승리를 축하하기 위해 궁여지책으로 메스키타에 축성을 내리고, 있는 그 모습 그대로 교회로 사용하기로 결정을 내린다.

이슬람교와 기독교의 묘한 공존

    그러나 성당 관련자들의 개축에 대한 줄기찬 요구는 카를로스 1세까지 이어진다. 결국 메스키타를 보존하는 범위에서 내부의 일부만을 뜯는다는 허락이 내려지고 만다. 대성당의 완공을 축하하기 위해 처음으로 방문한 카를로스 1세는 메스키타의 매력에 빠져든다. 그리고 자신의 허락이 큰 실수를 범했음을 인정하듯, '당신들은 어디에도 없는 것을 부수고 어디에나 있는 것을 지었다'고 씁쓸한 심경을 토로했다. 결과적으로 메스키타는 한 건물에 두 개의 상이한 종교, 기독교와 이슬람교가 묘한 공존을 이루며 세계 어디에도 없는 유일한 건축물이 된 것이다.

    원래 승리자들은 명예에 걸맞게 '메스키타' 명칭을 '코르도바의 산타 마리아 대성당'으로 부르고 싶어 했다. 그러나 메스키타 원래의 의미를 퇴색시킨다는 비난과 거부감으로 인해 오늘날 '메스키타-대성당'이라는 기존의 명칭이 지속적으로 사용되고 있다. 이슬람교와 기독교가 오랫동안 전쟁을 하는 사이 메스키타는 서로 화해와 포용으로 공존을 추구했던 역사의 산증인이 돼 스페인의 정체성 형성에 크게 기여한 것이다.

코르도바의 눈길 끄는 장소와 사람들

유대인을 위로하던 '꽃길'

언제부터인가 유대인들은 세계 곳곳에서 마을과 구역을 형성하며 살고 있다. 다른 민족, 다른 종교가 수시로 교차되던 스페인에는 코르도바를 비롯한 20여 개의 도시에 '유대인 거리'가 생겨 그들의 존재를 널리 알리고 있다.

코르도바에서 일명 '꽃길'로 통하는 이 거리는 겨우 한두 사람이 지나다닐 만큼 매우 좁은 데다가 서로 미로처럼 얽혀 있어 처음 들어간 사람들은 길을 헤매며 당황하게 된다. 즐비하게 서 있는 집들은 대부분 흰색 벽으로 에워싸여 있고, 벽에 주렁주렁 매달려 있는 꽃들로 인해서 화사한 분위기를 연출한다. 이런 작은 것에서 볼 수 있듯이 유대인들은 꽃을 사랑하고 아름다움을 추구하는 삶을 살아왔다. 먼 이국에서나마 정신적인 고향에 대한 진

5월이되면 꽃길의 주민들은 집 뜰(Patio)을 예쁘게 장식하는 경연대회에 참가한다.(사진 출처 : 위키피디아 커먼스)

한 향수를 간직하며 현실에 만족하려던 그들의 숨결이 절로 느껴진다. 꽃길을 지나가는 행인들 역시 덩달아 삶 자체가 즐거워져 자그마한 행복에 미소를 짓는다.

꽃길을 걷다 보면 한 모퉁이 공간에 코르도바 유대인 출신으로 유명한 중세 유럽의 최고 철학자이자 신학자인 모세스 마이모니데스(Moses Maimonides, 1135~1204) 동상을 볼 수 있다.

그는 생계를 위해 의사생활을 하면서 철학과 의학 관련 서적과 논문들을 썼다. 마이모니데스가 돼지고기는 식중독과 전염병을 유발한다고 주장한 것이 인정돼 나중에는 무슬림들이 금기시하는 음식에 속하게 됐다. 그의 박식함이 널리 알려지다 보니 꽃길 방문객들은 하나같이 마이모니데스의 신발을 만진다. 해를 거듭할수록 그의 신발이 갈수록 반짝반짝 빛날 수밖에 없었다. 행여나 그 현명함이 나를 포함한 가족에게 이어지기를 기원하면서 사람들은 그의 신발을 여러 번, 여러 번 문지른다.

스페인 통합, 추방당한 세파르디의 후예들

유대인의 역사는 그들이 항상 타민족으로부터 격리돼 살았거나 집시처럼 추방과 방랑을 일삼으며 살았음을 증명하고 있다. 유대인들이 끈질기게 자신들의 종교를 고집한 것이 사회적 갈등을 조장하고 혼란을 야기시키는 주범으로 인식되면서 그들은 항상 내일을 기약할 수 없는 운명 속에 있었다. 아랍의 타리크 군대가 이베리아 반도에 첫발을 디딜 때, 유대인들은 무어인들에게 알게 모르게 많은 조언과 도움을 제공했다. 그것을 계기로 알 안달루스 시대의 유대인들은 비교적 좋은 대우를 받으며 부유한 공동체를 형성하며 평안하게 살 수 있었다.

그러나 이슬람시대의 종말이 다가온 것이다. 기독교인들은 스페인 통합을 이루자마자, 이방인들에게 더 이상의 관용을 베풀지 않았다. 스페인은 콜럼버스가 아메리카를 발견해 더 큰 제국을 향해 다가가면서도 마음은 소인배의 아량에서 벗어나지 못하고 유대인들에게 추방령을 공포하였다. 유대인들은 어디에도 억울함을 호소하지 못한 채 세파르디(דרפס , Sefardí, 15세기말 스페인에서 추방당한 유대인)란 주홍글씨를 가슴에 품고 생존을 위해 유럽 전역으로 뿔뿔이 흩어지고 만다. 그 후예들이 어디선가 코르도바의 꽃길과 같은 마을을 형성하면서 상처받은 조상들의 영혼을 달랬을 것이라 생각하니 마음 한구석이 진하게 아려온다.

피라미드, 불가사의를 초월한 불가사의

피라미드 건설 노동자는 노예?
나일강 범람해 농사 짓지 못할 때 국가가 진행한 '국책사업'설 유력

　지구상에서 불가사의한 것으로 여겨지는 일곱 가지 사물을 세계 7대 불가사의라고 한다. 학자들에 따라 대상이 다소 달랐으나, 일반적으로 비잔틴의 수학자 필론(Philon)이 저술한 『세계의 7개 경관(De Septem Orbis Spectaculis)』에 기술된 쿠푸왕의 피라미드, 바빌론의 공중정원, 로도스의 크로이소스 거상, 올림피아의 제우스 신상, 에페수스의 아르테미스 신전, 할리카르나소스의 마우솔루스 능묘, 알렉산드리아의 파로스 등대를 고대 7대 불가사의로 여겨왔다. 현재까지 남아 있는 것은 이집트 기자(Giza)에 있는 쿠푸(Khufu)왕의 피라미드가 유일하다.

　피라미드(pyramid)는 일반적으로 정사각뿔 형태의 고대 유적을 지칭한다. 중국, 이집트, 메소포타미아, 중앙아메리카 등지에서 피라미드 형태의 유적이 발견되고 있다. 그 형태는 계단형, 굴절형, 원추형 등 다양하며, 권력자의 무덤이나 신전으로 사용됐다는 추론이 일반적이다.

고대 건축물의 믿기 힘든 거대함과 정교함

이집트의 피라미드는 이집트 전역에서 70여 개 이상 발견되고 있다. 이중 기자의 피라미드가 가장 크고 원형이 잘 보존되고 있다. 카이로 서쪽 기자에 위치한 피라미드 군(群)은 지금으로부터 약 4천 500년 전인 고대 이집트 왕국 제4왕조 시대의 것으로 추정되며, 쿠푸의 피라미드, 카프레(Khafre)의 피라미드, 멘카우레(Menkaure)의 피라미드 등 크게 3개로 구성돼 있다. 신전과 스핑크스는 카프레 피라미드의 남쪽에 위치하고 있다. 가장 큰 쿠푸왕의 피라미드는 높이 146m, 밑변 길이 230m로 각 변의 길이 오차는 0.1%에서 0.2% 내외의 놀라운 정밀도를 보이고 있다. 피라미드 입구 방향은 정확히 정북을 향해 있으며 각 변은 정확히 90도를 이루고 있고 경사각은 약 52도이다.

쿠푸왕의 피라미드는 무게 2톤에서 20톤의 석회암으로 만들어졌으며 약 230만 개의 내장석을 쌓아올렸다. 과거에는 피라미드 전체가 외장석으로 덮여 있었는데, 이는 카프레 왕의 피라미드 상부를 보면 알 수 있다. 피라미드 내부는 왕의 방, 왕비의 방, 대회랑, 내려가는 통로, 올라가는 통로, 수평 통로, 환기통 등 복잡한 구조로 돼 있다. 내부 및 대회랑 등에 사용된 석재는 화강암으로, 이집트 남부의 아스완(Aswan)에서 운송됐다. 내부 화강암의 구조는 면도날 하나도 들어갈 수 없을 정도로 매우 정교하게 구성돼 있다. 화강암 절개면의 정교함과 표면의 연마 상태는 현대의 건축기술로도 제작하기 어려울 정도도. 돌에 구멍을 내고 쐐기를 박아 물을 집어넣어서 돌을 절개했고, 모래와 청동연장을 이용해 연마했다는 견해들이 있는데 이러한 방식으로 인해 소요됐을 시간은 쉽게 상상하기 어렵다.

피라미드 전경

농한기 국민을 위한 국책 취로사업

그리스의 역사학자 헤로도토스(Herodotus)는, 기자의 피라미드는
약 10만 명의 인원이 약 10년에 걸쳐 건축했다고 추산했다. 그는 일
찍이 "이집트는 나일 강의 선물이다"라고 역사서에 기록한 바 있다.
나일 강의 범람과 이를 극복하려는 노력으로 이집트의 문명이 이룩
될 수 있었다는 것이다. 나일 강의 범람은 상류의 비옥한 토양을 하
류로 떠나보냈고 범람으로 물기와 양분을 머금은 퇴적토는 이후 농
사에 큰 도움이 되곤 했다. 이집트인들은 잦은 범람을 예측하기 위해

나일 강 곳곳에 수량을 파악할 수 있는 눈금(나일미터)을 설치해 나일 강의 물을 수자원으로 활용하고자 했다. 문제는 시간이었다. 나일 강의 범람으로 농사를 지을 수 없는 기간을 어떻게 활용하느냐 하는 문제가 대두됐다. 피라미드 건설 이유에 관한 많은 연구와 가설들이 존재하는데 그중 하나가 국가의 공공사업설이다. 영국 왕립협회 회원인 멘델슨(Kurt Mendelssohn)에 의하면 피라미드를 건설한 노동자는 노예가 아니었으며, 피라미드 건설은 농한기에 농사를 짓지 못하는 이들을 위해 국가가 실시한 대규모 취로사업이었다는 것이다. 피라미드 인근에서 여성과 아이들의 유골이 출토된 마을이 발굴됐으며, 또한 외과 수술이 행해진 남성의 유골이 출토되기도 했고, 일을 나간 날과 나가지 않은 날에 대한 기록도 발견됐다. 이집트 고고학자들도 역시 이러한 점을 근거로 피라미드 건설은 농한기에 국민에게 일할 수 있는 기회를 준 국책사업이었다고 주장하고 있다.

기자의 피라미드, 룩소르와 아스완에 위치한 신전 등 고대 이집트의 대규모 유적지는 나일 강가에 위치하고 있으며, 피라미드와 왕들의 무덤들이 모여 있는 왕가의 계곡은 나일 강 서쪽에 위치하고 있다. 강의 서쪽은 사자(死者)들을 위한 곳이며 태양신의 아들인 파라오는 여행과 휴식 후 태양이 뜨는 동쪽에서 부활한다는 것이 고대 이집트인의 사후관(死後觀)이었다. 고대왕국 시대 이후 파라오를 위한 거대한 피라미드 건설은 점차 사라지게 됐다. 피라미드 건설과 유지가 국가 경제에 너무나 큰 부담을 줬기 때문이다.

사자(死者)를 위한 나일 강 서쪽, 부활을 위한 동쪽

피라미드 건설을 위한 비용과 고대 이집트인의 노력은 수천 년이 지나 후손대에 이르러 효과가 나타나고 있다. 피라미드와 고대 이집트 문명을 보기 위해 전 세계에서 몰려드는 관광객 덕분으로 이집트는 매해 엄청난 관광수입을 얻고 있다. 피라미드가 위치한 카이로 서쪽의 기자로 수많은 관광버스와 인파가 아침부터 저녁까지 끊임없이 몰려들고 있다.

베른하르트 베버가 이끄는 '신(新)세계 7대 불가사의 재단'은 전 세계 인터넷과 전화 투표를 거쳐 2002년 7월 '신(新)세계 7대 불가사의'를 발표했다. 중국 만리장성, 페루 잉카 유적지 마추픽추, 브라질 거대 예수상, 멕시코 치첸 이차의 마야 유적지, 로마 콜로세움, 인도 타지마할, 요르단 고대도시 페트라가 선정됐다. 기자의 피라미드는 제외됐지만 이집트인들은 크게 괘념하지 않았다. 피라미드는 이미 '불가사의를 초월한 불가사의'이기 때문이다.

◇◇◇

피라미드 관람 포인트

기자의 사막언덕에 세워진 피라미드를 아래서 바라보면 거대한 산처럼 느껴진다. 외벽의 돌 하나하나는 가슴높이에 달한다. 서너 계단 올라서면 사막바람이 불어와 아찔한 현기증이 일어난다. 십여 년 전에는 피라미드를 등반하는 사람들이 있었고, 가이드도 존재했다고 한다. 본래 불법이었지만, 여러 차례의 등반사고 이후 피라미드 외벽 등반은 엄격하게 금지됐다.

석양이 질 무렵, 피라미드 관람시간은 종료됐지만 수많은 관광객이 피라미드를 찾는다. 이들이 가는 곳은 스핑크스 방향의 매표소다. 매일 세 차례 '소리와 빛의 쇼(Sound & Light Show)'가 진행된다. 어둠이 깔리면 스핑크스와 뒤로 보이는 세 개의 피라미드 사이로 한 줄기 빛이 떠오르고 웅장한 사운드와 현란한 조명이 번쩍인다. 의인화된 스핑크스의 내레이션으로 피라미드의 소개와 이집트 역사에 대한 설명이 이어지는 게 이 쇼의 주 내용이다.

석양이 질 무렵, 스핑크스
방향의 매표소가 인기다.

젊은 관광객들은 입장권을 구입하는 대신 매표소 건너 3~4층 높이에 있는 찻집이나 피자집에서 음식을 즐기며 저렴한 가격으로 관람을 하곤 한다. 관람석에 앉아 있는 것보다 오히려 넓은 조망을 볼 수 있는 방법이다. 그러나 매표소 부근에 강력한 역조명이 설치되어 무료관람객이 위치한 곳을 수시로 비추기 때문에 사진촬영은 다소 힘들다.

지중해 영화의 가려진 얼굴

짧았던 '범아랍영화의 황금기'가 주는 교훈

✤

오늘날 미디어에 그려지는 아랍 국가의 이미지는 테러리즘, 전쟁 그리고 이슬람 근본주의의 상승으로 요약되지만, 아랍의 영화들은 잃어버린 지중해에 대한 향수를 깨운다. 아랍의 땅은 시네필들에게 낯설지 않은 지역이다. 이국적인 풍광을 제공하는 촬영지로 명성 높았던 모로코의 예를 들어보자. 〈카사블랑카(Casablanca)〉의 연애담과 데이비드 린(David Lean)의 〈아라비아의 로렌스(Lawrence of Arabia)〉 등 수많은 영화들이 이곳을 무대로 촬영됐다. 하지만 모로코인의 자기 재현이 가능하기까지는 적지 않은 시간이 필요했다. 이러한 현상은 아랍권 영화의 공통점이기도 하다.

아랍에서 가장 자유롭고 개방적인 문화적 분위기를 갖고 있던 것은 레바논과 이집트의 영화였다. 이 두 나라의 영화는 1950~60년대를 풍미한 범아랍영화(Pan-Arab cinema) 황금기의 중심에 어깨를 나란히 했다. 범아랍영화는 아랍 민족주의 시대에 유행하던 다국적 멜로드라마를 말한다. 다양한 아랍의 스타 배우와 감독들이 카이로, 베이루트, 다마스쿠스 등지의 로케이션 촬영으로 만드는 합작 영화였다. 어쩌면 레바논 내전과 남쪽 국경에서 이스라엘과의 대립으로 인해 레바논 예술가들과 지식인들이 그토록 서둘러 나라를 탈출하지 않았더라면, 범아랍영화는 황금기를 더 오래 구가했을지도 모른다. 그랬다면 세계 영화의 지형도가 조금 달라지지 않았을까.

한때 이집트의 카이로는 '아랍 영화의 헐리우드'로 통했다. 바야흐로 1940년대에서 1970년대까지 한 해 50편 정도의 영화를 만들어 냈으며, 당시의 스타들은 2억에 달하는 아랍권 관객을 매혹시키면서 이집트 영화계는 황금기를 맞이하고 있었다. 영화사가인 조르주 사둘(Georges Sadoul)은 "1942년부터 아랍 국가에서 미국이나 유럽영화들은 일주일 이상 간판을 못 버티는 반면에 이집트 영화의 개봉작들은 수개월간 상영됐다"라고 적고 있다. 2차 세계대전이 끝날 무렵 영화산업은 이집트에서 두 번째로 막대한 이윤을 남긴 산업이었다. 1952년 카이로는 세계 4위의 영화수출 도시였다.

이러한 이집트 영화의 성공 신화는 이집트 민족주의자 재벌이었던 탈라트 하릅(Talaat Harb)과 떼려야 뗄 수 없는 관계에 있다. 그가 소유한 미스르 은행(Misr bank)이 전폭적으로 투자해 부재나 다름없던 토대 위에 하나의 새로운 영화계를 탄생시킨 것이다. 이른바 미스르 스튜디오(Misr Studio)는 수년간의 공사 기간, 영화인들의 유럽에서의 수련과 기술 연마 등을 거쳐서 1935년에 완성된 영화 산업의 중심지였다. 이집트 영화의 수작 〈미이라(The Mummy)〉를 비롯해 〈십계(The Ten Commandments)〉, 〈시저와 클레오파트라(Caesar and Cleopatra)〉 같은 대작들에 이르기까지 수많은 영화들이 미스르 스튜디오를 거쳤다.

당시 독립으로 미몽에서 깨어나기 시작한 아랍권은 이집트 영화들에 열광했다. 그러다 시간이 흐르면서는 역사와 시간의 무게를 고스란히 짊어진 영화들이 쏟아져 나오기 시작했다. 대부분 아랍 영화들은 이스라엘 정부에 대해 중립이거나 적대적인 입장을 마치 오랜 앙금처럼 지녀왔다. 튀니지의 영화감독이자 평론가인 페리드 부게디르(Ferid Boughedir)는 다큐멘터리 〈카메라 아랍(Caméra Arabe)〉에서 이집트, 시리아, 요르단이 이스라엘과 벌인 1967년 전쟁에서의 패배는 "얼마 남지 않았던 아랍 지식인들의 자존감을 송두리째 뒤흔들어 놓았다"라고 증언했다.

한때 아랍의 헐리우드였던 이집트 영화는 1960년대 후반에 쇠퇴의 길을 걷는다. 이 시기에 유세프 샤힌(Youssef Chahine)은 이집트 국민감독이자 아랍 세계를 대표하는 감독이었다. 원래 샤힌은 잘 나가는 상업영화 감독이었다. 카이로의 한 카페에서 우연히 오마 샤리프를 발견하고는 세계적 스타로 길러낸 이집트 대중 영화계의 대부였다. 하지만 1967년 전쟁을 참담한 심정으로 지켜보던 그는 정치적 도발을 감행한다. 〈참새(The Sparrow)〉를 통해 이집트가 형제 국가인 팔레스타인을 지켜주지 못했음에 대한 뼈저린 반성을 드러낸 것이다. 특히 이집트의 다양한 군상이 역사적 전환기의 인생을 살아가는 이야기를 담은 한 편의 자전적인 대서사시 〈알렉산드리아, 왜?(Alexandria, Why?)〉는 묵직한 영화적 경험을 선사한다. 1940년대 초반의 지중해 도시 알렉산드리아를 전쟁 전야의 불안에 넘치면서도 살아 있는 맥박이 박동치는 도시로 그려낸다. 이 여정의 끝에는 "내 유년의 도시, 즉 무슬림, 기독교인 그리고 유대인에게 열려 있던 관용의 도시 알렉산드리아"의 기억이 도사리고 있다.

2008년 유세프 샤힌이 82세로 세상을 떠나면서 이집트 영화계는 큰 별을 잃었다. 당시 프랑스 대통령 사르코지가 그의 죽음을 애도해

"샤힌은 이집트에 뿌리를 두고 세계를 향해 열려 있었다"는 성명을 발표했다. 실제로 과감한 성적 묘사, 정치적 압력과 이슬람 과격주의에 대한 문제제기 등 종종 논란의 중심에 있었던 그의 영화세계는 시대적 유효성을 뛰어넘어 종교와 국경을 초월한 인간에 대한 애정을 보여준다.

탈라트 하릅 거리(Talaat Harb Street)의 전경. 도로 왼쪽에 야쿠비얀 빌딩이 보인다.(사진 출처 : 위키피디아 커먼스. photographed by Daniel Mayer)

이집트 영화의 유산이 드러나는 최근의 기념비적 작품은 〈야쿠비얀 빌딩(The Yacoubian Building)〉이다. 현재 카이로 시내에 있는 야쿠비얀 빌딩은 1930년대에 세워진 한때 호화로웠던 최고급 건물이다. 당시 정부 고위관리와 부유한 상공인의 거처였지만 1952년 군사혁명 후에는 군 장성과 장교 가족의 거주지가 됐고, 인구 증가와 도시화로 인해 건물 옥상엔 빈민들의 밀집촌이 들어서기 시작했다. 이제 이 빌딩에는 이집트 사회의 상층으로부터 하층을 구성하는 다양한 군상이 공존한다. 영화는 나이 먹은 난봉꾼이 여성편력에 빠져들고 마약 거래상이 정치인이 되어 국가를 사금고처럼 운영하는 권력자가 되는가 하면 가난한 소년이 테러리즘에 빠지는 이야기이다. 한마디로 〈야쿠비얀 빌딩〉은 아랍의 시민혁명을 이해하려 할 때 빼놓을 수 없는 작품으로 평가된다.

아랍의 영화는 새로운 감수성을 가진 미지의 영토이다. 페르시아권의 이란 영화와는 구별되는 아랍 영화는 국제영화제의 물살을 타고 신비감을 벗어내는 중이다. 이것은 영화가 더 넓은 세계와 만나는 방식이기도 하다. 찬란한 황금기를 구가했던 이집트 영화는 어쩌면 우리에게 서구화에 대한 하나의 답을 들려주는지도 모른다. 바로 그 어떤 문명권의 영화도 영원히 암흑에 머물러 있지는 않는다는 교훈이 아닐까.

프랑스와 알제리 영화의 멀고도 가까운 사이

프랑스 현대사의 가장 중요한 전쟁은 알제리 전쟁이다. 심지어 이 전쟁은 프랑스 영화사에서도 중압감을 드러낸다. 1966년에 베니스영화제에서 〈알제리 전쟁(La Bataille d'Alger)〉이 금사자상을 수상하게 되자 당시 프랑스 언론계가 반대 로비를 펼치던 것으로 유명하다. 이 영화는 1971년에 와서야 프랑스에서 한시적으로 개봉된다. 칸영화제에서 공식 상영이 이뤄지기까지는 40년이 걸렸고 그해 2004년도에 프랑스인들은 처음으로 텔레비전에 방영된 이 영화를 안방에서 볼 수 있었다.

하지만 <영광의 날들(Indigè-nes)>이 2004년에 개봉된 상황은 사뭇 달랐다. 2차 세계대전에서 싸운 알제리 병사들을 다룬 영화를 프랑스인들이 '인정'해줬기 때문이다. 칸영화제는 남우주연상을 안겨주는 것으로 화답했고, 역사의 뒤안길에 묻힐 뻔했던 아랍 병사들의 이름은 복원됐다. 고국으로 돌아가면서 동결됐던 이들의 전쟁 연금도 프랑스 출전 용사들의 수준으로 상향 개선됐다.

<알제리 전쟁>이 촬영된 카스바(Kasbah)의 내부 풍경(사진 출처 : 위키피디아 커먼스 photographed by Reda Kerbouche)

프랑스에서 드레퓌스의 후손에 대한 정부의 공식적 사과는 100년이 더 걸렸다. 시라크 대통령은 2차 세계대전 당시 친나치 비시정부의 유태인 탄압에 대해 50여 년이 지나서야 국가의 이름으로 사과했다. '세티프 학살'을 비롯해 치유할 수 없는 고통을 치르며 식민지배라는 역사의 막을 내린 알제리 전쟁도 <알제리 전쟁>을 통해서 과거를 통과하는 하나의 사회적 의식을 치르게 된 셈이다.

지중해 연재를 마치며
지중해학을 생각하다

지중해는 바다로 연결된 땅이다. 고대부터 근대에 이르기까지 지중해의 국가들은 지중해라는 큰 바다로 분리돼 있는 것이 아니라 서로 긴밀하게 연결돼 있었다. 이들은 지중해에서 때로는 전쟁을 하며 때로는 교역을 하며 끝없이 서로 소통했고 교류했다. 그 과정이 지중해의 역사이고 그 결과가 지중해의 문명이다. 외견상 달라 보이는 지중해 사람들의 삶과 그들의 속살을 들춰보면 놀랄 만큼 많은 공통점을 갖고 있다는 것을 알게 된다.

우리는 북아프리카에서 로마의 흔적을 쉽게 찾고, 로마 문명에서 아랍인들의 예술적, 문화적 성취를 어렵지 않게 발견할 수 있다. 스페인에 건설된 해양 무역 도시 카르타헤나(Cartagena)는 로마 시대에는 '카르타고 노바(Cartago Nova, 새로운 카르타고)'로 불렸다. 이는 이 도시가 카르타고(Carthage)인들에 의해 건설됐다는 의미다. 지중해의 동쪽 끝에 있던 카르타고인들이 그들의 뛰어난 선박 건조술과 항해술을 바탕으로 지중해를 가로질러 반대편에 있는 스페인에 그들의 도시를 건설하고 그 이름을 남겼다. 이러한 역사적 증거들은 지중해가 지중해 주변 국가와 문명권을 분리한 장벽이 아니라, 이들을 연결해준 주요 통로였음을 입증해주고 있다.

화가 터너(Joseph Turner)의 그림을 조각가 윌슨(D. Wilson)이 종이에 찍어낸 '고대 카르타고-루글러스의 승선(Ancient Carthage-The Embarcation of Rugulus)'(1838). 이 작품이야말로 지중해의 동쪽 끝에 있던 카르타고를 유럽이 어떻게 자의식 속으로 비춰냈는지 이해할 수 있는 그림이다.

지중해의 기층 문명인 오리엔트 문명이 없었으면 그리스, 로마 문명은 태동할 수 없었을 것이다. 또한 그런가 하면 헬레니즘과 비잔틴 문명이 없었으면 이슬람 문명은 사막에 사는 야만인들의 초라하고 조잡한 습작일 뿐이었을 것이다.

우리가 지중해권의 문명이라고 하는 오리엔트, 그리스, 로마, 비잔틴과 이슬람 문명은 주변 문명에 뿌리를 두고 있고 그 성취를 받아들여 더욱 진화된 문명을 창조한 것이다.

로마시대 여인들의 머리 장식은 고대 이집트 여인들의 머리 장식을 흉내 낸 것이었고, 예루살렘의 이슬람 성전인 황금사원(일명 바위

돔 사원)은 유대인들의 왕이었던 헤롯왕이 그 토대를 구축했지만, 그 완성은 후대 이슬람시대 칼리파들에 의해서 이뤄졌다. 이슬람 예술의 결정체라는 다마스쿠스 우마이야 사원의 모자이크 예술은 기독교 예술을 토대로 하고 있다.

그리스의 철학자 탈레스는 "지식은 이집트에서 시작됐다"라고 고백했고, 압바시야조 바그다드의 지혜의 집(Bayt al-Hikma)에서는 헬레니즘, 페르시아, 로마와 비잔틴의 학문, 예술, 철학을 받아들이는 데 주저함이 없었다.

『아라비안나이트』는 인도의 민담에서 시작됐지만 서진(西進)하며 페르시아와 아랍인들의 이야기를 담았고, 그러다가 지중해를 한 바퀴 돌며 유럽인의 손을 거쳐 아랍인들에 의해 완성된 세계 문학이다. 때문에 이 작품은 아랍 문학인 동시에 세계문학으로서 그 가치를 인정받고 있다. 이처럼 16세기 이탈리아에서 시작된 르네상스의 학문적 · 철학적 · 과학적 동력은 유럽인들의 외면에도 불구하고 이슬람 문명에서 발원된 것이다.

기독교 문명은 유대인들의 민족 종교였던 유대교를 바탕으로 한 신흥 종교를 천년제국 로마의 종교로 수용한 콘스탄티누스 황제의 큰 결단이 있었기에 세상에 그 꽃을 피울 수 있었다. 문명사적인 측면에서 기독교의 가장 큰 기여는 신의 복음을 유대인뿐만이 아닌 인류 전체로 확산시킴으로써 종교적 헌신과 믿음을 바탕으로 한 인류 문명을 보편화하고 한 단계 더 업그레이드시킨 것이다.

기독교 문명을 계승한 이슬람 문명의 우수함은 아랍인들 자체가 지적으로 걸출했다기보다는 기존 문명의 장점을 과감하게 수용하고 여기에 자신들의 문화적 역량을 반영한 것이다. 이슬람이라는 용광로에 그리스, 로마, 헬레니즘, 비잔틴, 페르시아 문명을 모두 혼합해 화학적으로 재탄생시킨 것이 이슬람 문명이다.

인류 문명의 발전에 위대한 학문적, 과학적 기여를 한 이븐 시나 (Ibn Sina), 시바와이히(Sibawayihi) 등과 같은 이슬람 세계의 많은 걸출한 인물들이 비(非)아랍계 무슬림인 마왈리들이라는 점 또한 이를 증명한다.

고대와 중세의 현인과 철학자들은 타 문명의 수용에 대해 거부감이 없었고 학문적으로도 정직했다. 자신의 성취와 타자의 성취를 분명히 구분했고, 자신이 거둔 성취의 상당 부분이 기존의 성취를 활용했음을 밝히는 데 주저하지 않았다.

그러나 근대 이후 이러한 솔직함과 당당함은 점차 퇴색돼가고 있어 안타깝다. 르네상스와 산업혁명을 거치며 갖게 된 지적 확장, 물질적 풍요와 군사적 능력을 갖춘 유럽의 국가와 군주들은 오만함에 빠져들었고 역사를 왜곡하며 진실을 은폐했다. 유럽의 학자들은 이들의 거짓과 위선을 잘 포장했다.

군사적 · 경제적 부강은 타자에 대한 오만과 편견을 만들어냈고 결국은 오리엔탈리즘이라는 극단적 집단 착각에 빠지게 했다. 이는 국가와 민족 간의 갈등과 분쟁을 야기했고 인종 청소라는 상상하기 힘든 범죄를 일으키기도 했다. 이러한 분쟁과 갈등은 유감스럽게도 지금도 진행형이고, 쉽게 끝날 것 같지도 않다.

이제는 솔직해질 때가 됐다. 우리는 이웃 국가에 대해 과거를 부정하지 말고 직시하고 미래를 준비하라는 충고를 아끼지 않는다. 이 충고는 지중해의 국가들에도 적용할 수 있을 것이다. 서로의 어깨를 빌리고 있는 국가들이 상대를 외면하면 발전과 공생은 기대할 수 없다. 나의 발전을 위해서는 타자의 존재와 도움이 필요하다. 인정할 것은 인정하고 발전된 미래를 함께 도모하는 것이 인류가 공존공영하는 상생의 길이다.

우리는 이 길을 '지중해학(Mediterranean Studies)'이라고 부르고자 한다. 지중해를 연구하는 지역 학문의 차원을 넘어, 외견상 이질적으로 보이는 국가와 문명들이 이해의 폭을 넓히고 상대를 인정하며 함께 공생하는 길을 찾는 문명 소통학을 지중해학이라 부르고자 한다. 기독교가 이슬람을 인정하고, 팔레스타인이 이스라엘을 수용해 공생의 길을 찾는 학문과 지혜가 바로 지중해학인 것이다.

그동안 지중해에 살고 있는 사람들의 다양한 모습과 그들의 속살을 들추어보면서 지중해의 사람들이 국가와 민족, 인종과 종교를 불문하고 함께 어울려 살고 있는 것을 확인했다. 서로가 의지하고 있음에도 불구하고 종교적, 국가적 집단 이익, 무지와 편견 때문에 서로를 배척하는 것은 자신을 불행하게 만들 뿐이라는 것도 보았다.

이러한 무지와 편견을 극복하고 더불어 함께 사는 지혜를 찾아가는 사람들의 삶과 삶의 방식 자체가 지중해학의 연구 대상이며 궁극적인 목표가 될 것이다. 지중해 여행은 여기서 마치지만, 지중해학을 위한 긴 여정은 지금부터가 시작이다.

찾아보기

240

지중해 국가정보 시리즈 7

지중해 문화를 걷다

1판 1쇄 발행 2015년 6월 30일

지은이 부산외국어대학교 지중해지역원
펴낸이 강수걸
편집장 권경옥
편집 양아름 문호영 정선재
펴낸곳 산지니
등록 2005년 2월 7일 제14-49호
주소 부산광역시 연제구 법원남로15번길 26 위너스빌딩 203호
전화 051-504-7070 | 팩스 051-507-7543
홈페이지 www.sanzinibook.com
전자우편 sanzini@sanzinibook.com
블로그 http://sanzinibook.tistory.com

ISBN 978-89-6545-305-5 03900

*책값은 뒤표지에 있습니다.
*이 저서는 2007년 정부(교육과학기술부)의 재원으로 한국연구재단의
지원을 받아 수행된 연구임(NRF-2007-362-A00021)
*이 도서는 교수신문에 기고된 기사를 일부 수정하여 출판하였음
*이 도서의 국립중앙도서관 출판예정도서목록(CIP)은 서지정보유통지원시스템
홈페이지(http://seoji.nl.go.kr)와 국가자료공동목록시스템(http://www.nl.go.kr/
kolisnet)에서 이용하실 수 있습니다.(CIP제어번호: CIP2015016220)